0・1・2歳児の保育で大切なこと

幼い人たちとの豊かな暮らし方

工藤佳代子

せんせいゼミナールBOOK

小学館

もくじ

はじめに

0・1・2歳児の幼い人たちに対して、世の中の多くの人はどのようなイメージを持っているでしょうか。何かをしてあげる存在、何かをしてあげなくては何もできない存在と思っているでしょうか。

もちろん、食べたり、眠ったり、移動したりなど、たくさんの手助けが必要ですが、ただそれだけではありません。五感を通してさまざまなことを感じ、そして自分から周囲に働きかけ、いろいろなことを考え、試し、発信しています。

一生のうちで最も成長が著しいこの時期の子どもたちの一瞬一瞬に丁寧に向き合っていると、それはそれは見事な世界が見えてきます。実際に目に見えていること以上に、いろいろなことを感じ考えています。こんなことを感じていたのか、こんなことを考えていたのか、こんな表現方法があったのかと、感心させられたり感動したりすることの連続です。何かをしてあげる存在どころではありません。子どもから学ぶこと、ともに暮らしていく中で気づかされることが山ほどあります。

しかしながら残念なことに、いま、保育の現場では、あってはならないことが起こり、そのことで保育現場に対する不信感や不安感を持ったり、若い方々が、保育の仕事に対して敬遠したりする傾向にあります。保育の現場には、子どものことを学んだ保育者だからこそできること、また、日々を丁寧に積み重ねていくことができる保育現場だからこそ、支えられる子どもの育ちがたくさんあるのではないかと感じます。

この本は、2022年5月から2023年2月まで、月1回のペースで開催した「せんせいゼミナール」オンラインセミナーの全9回の講義がもとになっています。講座では、0~3歳の子どもたちが過ごすナースリールームの保育実践を通して、子どもたちの育ち、保育者のかかわり、保育者のまなざしなどを具体的にお伝えさせていただきました。

だれひとり同じではない、個性をもった一人ひとりの子どもが、自分らしく成長していくことが尊重される場である保育現場の大切さ、魅力についてお伝えすることができていたとするならば幸いです。

――東京家政大学ナースリールーム施設長　工藤佳代子

本文写真提供／東京家政大学ナースリールーム
イラスト／kildisco

第一講

保育園での暮らし

～子どもたちとの出会いのとき～

みなさん、こんばんは。東京家政大学ナースリールームの工藤佳代子です。このたび、0・1・2歳の保育について保育者のみなさんにお話しする機会をいただきました。乳幼児保育の重要性については、いろいろな場面で語られていますが、保育の現場から発信していくことは、なかなか実現に至っていないという実感があります。

私自身、保育の現場でずっと過ごしているので、保育室から一歩出て子どもたちがそばにいない中で、0・1・2歳児の保育の大切さ、子どもの持つ限りない魅力などを伝えられるだろうかというのが、ちょっと心配なんですけれども、保育者の思いや配慮、子どもの持つ力などをナースリールームの実践例を交えてお伝えしながら、みなさんと乳幼児保育の大切さについて一緒に考えていきたいと思います。

今回は「保育園への受け入れ」ということから、お話ししていきます。

保育園への受け入れは、子どもと保護者の「安心感」を大切に

はじめての保育園。最初は慣れ保育、慣らし保育などといわれる期間があり、保護者の方からは「(慣れるのに)どのくらいかかりますか?」などという声が聞かれます。こればかりは始めてみないとわからないというところがあって、無理をせずに進めていくことの大事さを伝えていますが、実際には大人が心配するよりも早く、子どもは保育園になじんでいるように思います。それはどうしてだろうと考えると、保育の場が子どものために作られた環境だからだと思うんですね。

子どもは五感を通していろいろなものを感じ取っていて、じつは大人よりも子どものほうが先に、保育環境に込めた思いや配慮に気がつくのだと思います。

家庭では「子どもが危なくないように」ということを重視して環境を整えることが多く、子どもたちが興味を広げていけるように整えられているわけではありません。一方、子どもの目線から見ると、保育園には魅力的なものがたくさんあって、「何だろう」とか、「触ってみたい」「やってみたい」など、子どもが持っている好奇心が刺激されるのだと思います。

たとえば、水道は多くの子どもたちが興味を持つところです。家庭では子どもの背丈に合った水道なんてないでしょうし、熱いお湯が出たりすると困るので、できれば蛇口は子どもに触れさせたくない場所になっていることでしょう。でも保育の現場では子どもの高さに合うように、扱いやすいように工夫されています。子どもたちははじめて自由に自分でコントロールできる蛇口に出合うと、しばらくそこに張りついていたりします。自分でできることへのおもしろさや楽しさ、水の不思議さといったものを感じているのだろうと思います。

私たちがはじめて保育園に通う人たちを受け入れるときに、どんなことを大切にしているかというと、それは、第一に子どもと保護者の「安心感」なんです。子どもも大人も、不安なところでは落ち着いて過ごすことができませんし、不安な状態で長時間過ごすというのは緊張感を伴います。ですから、どうしたら子どもや保護者の方が安心して過ごせるかということを考えながら受け入れをしています。

どの園も入園時には、面談をしたり、慣らし保育の時間を設けていると思いますが、これを「いつもやることだから」と、ただ慣例に従って事務的にやっているだけでは、とて

ももったいない時間になってしまいます。保育が始まってしまうと、保護者の方とゆっくり話をする機会はなかなか持てません。送迎時に出入り口でやり取りするだけというところだとなおさらです。園の様子を見て知ってもらうのに、この慣らし保育の期間はとても貴重なんですよね。この時間をどう過ごすかということを保育者は考え、また保育者間で共有していくことがとても重要です。

最初の面談では、保育園の方針や考え方、約束ごとなどを伝えることが中心になりがちですが、ナースリールームでは、こちらから保護者に伝えることよりも、保護者からこちらに伝えてもらうことのほうを大事にしています。

私たち保育者は、これから長時間一緒に過ごすことになる子どものことを、その時点では何も知らないのです。その子どものことを一番知っているのは、ずっと一緒に過ごしている保護者なんですね。ですから、こちらが「保育園に合わせてくださいね」「変わってくださいね」と求めるのではなくて、「私たちはこれから過ごす大事なお子さんのことをよくわからないので教えてください」という姿勢で、いろいろな情報を謙虚に受け止めていくことが大切です。

生まれてから過ごしてきた生活の様子や、近くに助けてくれる人はいるのか、通園するための手段は何かなど、さまざまな情報を得て、さらに余裕があったら、保護者の思いにも耳を傾けられたらいいですね。「子どもが安心して過ごせるといいな」「泣かないといいな」というような、保護者の不安な気持ちに触れて理解しておくことも、保護者の安心感を生み、その後の保護者支援につながっていきます。

環境による刺激

新しい環境に入っていくのは、大人でも大変です。大人はある程度、頭で理解できる部分もありますが、子どもはこれから起こることについて見通しを持っているわけではありませんから、**新しいことの刺激のシャワーに身を置かれることに**なります。

大きな刺激としては、まず「人」です。たとえば、お父さん、お母さんと3人で暮らしている子どもにとっては、いきなり多くの大人たち（職員、保護者）が目の前を行き来し、かかわりを持つことになります。そして他児の存在です。これは魅力でもあるのですが、まわりで泣いている子の声を聞いて一緒に不安になったり、思いもよらず自分に近寄ってくる子どもがいて驚いたりと、人に関することだけでもとてもたくさんの刺激があります。

家庭とは違う聞きなれない音もたくさんありますね。大人の声、子どもの声だけでなく、扉が開いたり閉まったりする音など、はじめて聞くいろいろな音が耳に入ってきます。

寝て起きたときに目に入ってくる景色、食べているときの風景も、家庭と保育園では違います。「味」もおいしいとかおいしくないではなくて、いままで食べていた味とは異なってきますし、母乳しか飲んでない子が哺乳瓶でミルクを飲むというのも大きな変化になります。飲み心地だったり寝心地だったり、抱かれ心地も違います。

保育園に通い始めることで、子どもたちにはすごく大きな変化が起こってくるんですね。やがてはなじんでいくんだけれども、その過程をどうすると一番無理がないのかなと考えると、「大丈夫だよ」「早くなじんでね」というのではなくて、「違うことをたくさん受け止めようとして、いまって結構大変だよね」「そうだよね、びっくりするよね」と、たくさんのことを一気に受け止めようとしている子どもの気持ちに寄り添うことが大事なのではないかと思います。

新しい環境を受け止めていくためには、安心できる人と一緒にいることが必要ですから、ナースリールームでは慣らし保育の1日目、2日目は、可能であれば保護者の方にも保育室にいていただいています。子どもが一番安心できる安全基地（お父さん、お母さん）にいてもらうことで、新しい環境をポジティブに受け止めていくこともできますし、また保護者にとっても日中の様子を知ることができるいい機会にもなります。

保育園に入るということは、保護者にとってもはじめての連続なんです。新たなルールも取り入れていかなくてはいけないうえに、仕事では産休や育休中の空白に対する緊張感もあります。子どもが生まれる前とは違って子育てしながら仕事をするわけですから、短期間で生活リズムも大きく変わります。

生まれてからずっと一緒にいた子どもとのかかわりに変化が生まれることについて、葛藤を抱えている方も少なくないと思います。たくさんの大変さを抱えていることに想像をめぐらせて、「こうあるべき」ではなく、子どもと同じように保護者もたくさんのことになじもうとしていることを前提に、寄り添っていくことが大切です。

保育者が配慮してこそ保障できる「子どもの安心」

子どもたちの安心、これはやはり保育者が配慮してこそ保障できるものがあります。

一人ひとりを尊重

まず大事なのは、子どもが自分のペースで過ごせるということです。そして、うれしいことや楽しいことがあったときに共感できる人がいるということも大切です。

忙しいのは十分承知なのですが、保育の場では、楽しそうに遊んでいたり落ち着いて過ごしている子がいると、ついその子自身に任せて、ほかの泣いている子に対応するためにその場を離れたりすることがあります。そうすると、その子がうれしいことやおもしろいことがあって「おもしろいね」「すごいね」「何だろう?」という視線を向けたときに、だれとも目が合わないということにもなりかねないんですね。子どもにとっては共感できる人が近くにいるということが必要ですから、保育者は子どもが楽しく遊んでいるときも何かに集中しているときも、また不快なときや困ったときにもそばに寄り添って、その思いを十分に受け止める存在であることが何よりも大切です。

保育所保育指針にも書かれていますが、子どもたちがのびのびと自由に自分を発揮するために必要なこととして、一人ひとりの生活のペースを尊重するということ、一人ひとりの発達のペースを尊重するということ、一人ひとりの個性を尊重するということがとても大事なことになってきます。

難しいように感じてしまうかもしれませんが、一人ひとりみんな違っているのが自然なことです。保育園では一緒に生活しているけれど、家庭での生活はみんな違います。同じ月齢だからといって同じように成長するわけではなくて、1歳になる前からタカタカ歩いてる子もいれば、1歳3～4か月まではいはいで暮らす子もいます。一人ひとり発達のペースは違っていて、訓練をして何かの基準に合わせるということはできないんですね。

また、じっくり遊ぶのが好きな子もいれば、友だちとかかわり合って遊ぶのが好きな子もいるし、じっとしているのがあまり好きではなく動き回って遊ぶのが好きな子もいます。たとえば、雷が鳴ったときに「何だろう?」とうきうきしてテンションが上がる子もいれば、空が光るのを不思議に思って窓の近くにいる子もいるし、怖くて保育者にしがみつく子もいます。どれが一番いいという答えはなく、一人ひとりの受け止め方として尊重していくことのほうが自然ではないかなと思います。

一人ひとりを尊重していくと、「保育が大変になるんじゃないかな」と想像する方も少なくないと思いますが、尊重されて自分のペースで生活できて、自分のやりたいことがのびのびできていると、機嫌のいい子が増えてくるんですね。そうすると、保育者は泣いている子たちを収めていくというようなかかわりではなくて、一人ひとりが気持ちよく遊べるためにどうしたらいいかということにエネルギーを注げるようになります。やってみると、大変と思うよりも逆に保育が楽しくなってくるのではないでしょうか。

ただ一方で、保育の体制や環境などがそのことを難しくしている場合もあります。一人ひとりを尊重することが可能な体制、グループサイズについては、日本の保育では、まだまだ課題が残るといえます。

エピソード1

ある時期、洋服のおなかのところにいろんなものを次々入れるというのが、ある子にとってのブームになったことがありました。でもこれをやると、洋服が伸びちゃうんですよね。そこで保護者の方にも「いま何でも服の中に入れたいんですけど、伸びちゃうんですよね。どうしましょうね」なんてお伝えしていたら、「伸びてもいい洋服しか入れておかないので、好きなだけやらせてください」と言っていただけたんです。

それで、はじめは木製の車だったりプラスチックのブロックだったり、いろんなものを入れていたのですが、日に日に入れるものが変わってきて、やわらかいもの、縫いぐるみなど、自分が気持ちのいいものを選んで入れていくようになったんですね。

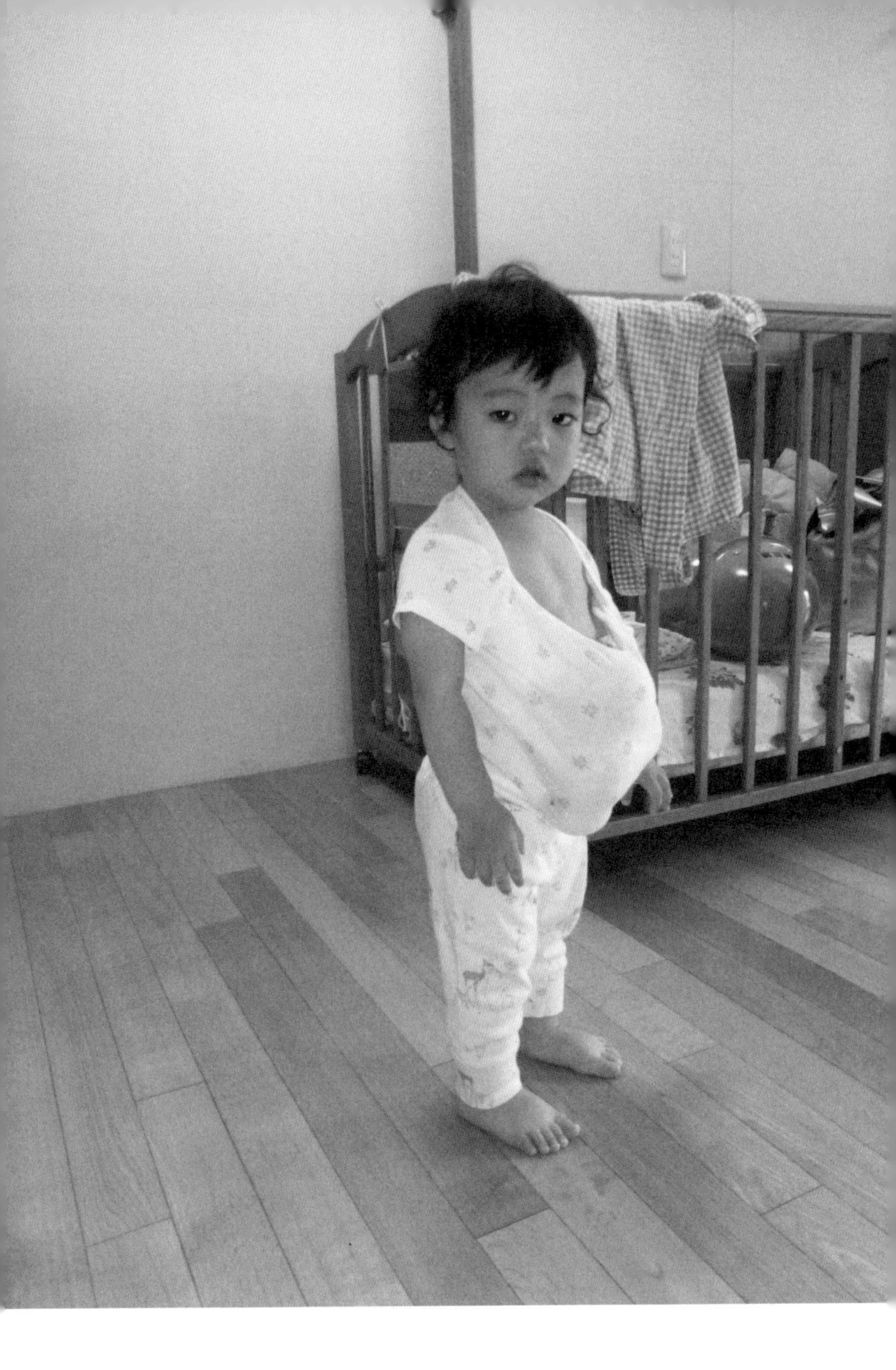

この事例を見たときに、保育者はどうするかなということなんです。ここで「服が伸びるからやめなさい」と止めた場合と、止めずにこのあとどうなるのかな、何を感じているのかな、何を考えているのかな、どういう発見につながるのかな、というふうに見ている場合とでは、子どもたちの経験は違ってきます。大人の物差しに置いてしまうと、ついつい止めたくなってしまう。でも、それによって失われるものは何なのかということを、子どものそばにいる保育者は考えていく必要があります。

エピソード2

ある日の散歩のとき、1歳児が大好きな本をカバンに入れて持っていきたいというんですね。ものを持って歩いたりすることには、まだ私自身不安があったので、「本は置いていったらどうかな」というふうに何度か声をかけたんですけれども、「イヤ持っていく」と強く主張したので、持っていくことにしました。

散歩に行くと、その子は芝生の気持ちがいいところでゴロンとなって、持っていった本を読み始めたんですね。私も一緒にゴロンとなって本を読んだら、こんな本の読み方もあったんだな、こんなに気持ちよく本が読めるんだな、と気づいて、土や芝生の香りを感じながら一緒に本を読むのを楽しみました。

固定観念にとらわれずに、子どものやることには必ず何か意味があるんだという視点を持つこと。答えを持たず、答えが出ない未知なことを大人自身が楽しめること。子どもからの発信、子どもからの表現をありのままに受け止めて楽しめること――。子どもを尊重することが、このようにたくさんの豊さにもつながります。

子どもは安定して安心しながら過ごしていると、自分の興味・関心の赴くままに人や物にかかわって自分を表現していきます。子どもは好奇心の塊といいますが、思考が同じところにはじっとしていなくて、次々と興味を広げていくんですね。おそらくそれはどの子どもも同じだと思うのですが、変わるとするならば、子どものそばにいる大人がそのことをどう受け止めて、どうかかわっていくかなのだと思います。保育の現場では、保育者がその大人ですね。

子どもにとって保育園は、自分のやりたいことができるところなんですね。家庭では、子どもたちは「危ないからダメ」と止められることがたくさんあると思うんです。でも、保育という場はその子どもたちの発達に合った環境が作られているはずですから、「それはダメ」と大人から止められることが少なくて、自由にのびのびと動き回れる。そんな場所であるからこそやりたいことができるのです。

もちろん一人ひとりのことを保育者が見ているからこそ、発達や関心に見合った環境が用意できるのですね。月齢が低ければ低いほど発達に合っていない環境はすぐに事故やけがにつながるので、0歳児は特に発達と合わせて環境を考えていかなければいけません。

また、保育園には友だちの存在もあります。「何歳ぐらいから友だちとかかわるのかな、一緒に遊ぶのかな」と思う方もいらっしゃるかもしれませんが、もちろん0歳児にとっても友だちの存在は大きいです。0歳児というと、大人（保育者）との関係が強調されがちなのですが、さまざまな場面で子どもたちは自分とは違う友だちの存在からお互いに刺激を受けています。一緒に遊ぶことだけが「かかわる」ということではなくて、友だちがやっていることを見たり、動き回るのを見たり、そういうことすべてにおいて友だちの存在は刺激になっていきます。

ある日、もう3歳になっていた子が、洗濯バサミを布にぴっちりときれいに並べてつけていました。このように布をはさんでつけていくのには、集中力や指先の力加減などがすごく必要です。洗濯バサミの数も限られていますから、みんなで平等に分けて使うとなったら、この子どもの遊びは生まれてこないことになりますね。

そして、これをやっているのをじっと見ていた1歳児がいました。3歳の子とは1歳8か月の月齢差があったのですが、その3歳の子が遊んでいる様子を見て、憧れの気持ちを抱いているように感じられました。この子は自分でも「やりたい」と思って、同じように布につけたり、お部屋に張り巡らせたロープに小さいチェーンを留めたりしていました。

最初は1・2歳児の部屋で遊んでいたのですが、月齢が低いために、周りからの刺激もあって、集中力が続かず、なかなか思うようにできなかったのです。そこで、0歳児の部屋に移動し、洗濯ばさみで遊ぶことにしました。これは保育者間の共通理解、連携が必要ですね。「いま○○ちゃんがこれやりたいんですけど、ここではちょっと難しいので、赤ちゃんの部屋で遊んでも大丈夫ですか?」といったときに、「何で1歳児を0歳児クラスで受け入れるんですか?」なんていうふうになってしまわずに、「ああそうだね、こっちでゆっくりやりたいよね」と受け入れていくことで、この遊びが保障されていきます。クラスだけで完結しようとしたり、担任だけで完結しようとするとできないことも、クラスを超えて連携することで、保障したり、実現できたりすることが、いろいろあるのだと思います。

エピソード4

次に紹介するのは、0歳児クラスの子どもたちのエピソードです。この写真(左)は、5か月の子に1歳5か月の子が本を読んであげているんですね。広げている絵本にはいろんな動物が出てくるんですけれども、キリンのところでは手を上に高く伸ばして、ゾウのところでは手を左右に振って、自分の表現できる方法で読んであげているんです。5か月の子もちゃんと見て、聞いています。

これを「微笑ましい」という視点だけで見てしまうのは、とてももったいないです。1歳5か月というと、世の中的には「してもらうばかり」だと思われる月齢かもしれませんが、**子どもたちが主体になって暮らしている保育という場では、自分より幼い子に対して、自分の持っている力を使ってこんなかかわりができるんだということなんですね。**

読んであげている1歳5か月の子がすごいというだけではありません。5か月の子も、ただ読んでもらっているだけでなく、自分に対して一生懸命何かを伝ようとしてくれているお姉さんのやさしさを、一緒に受け取っていることでしょう。

自分がしてもらったことの経験の積み重ねで、やがてこの人自身もそういうことができるような人になっていく。**頭で覚えるのではなく、経験がその人を育てていくということ**がいえるのではないでしょうか。

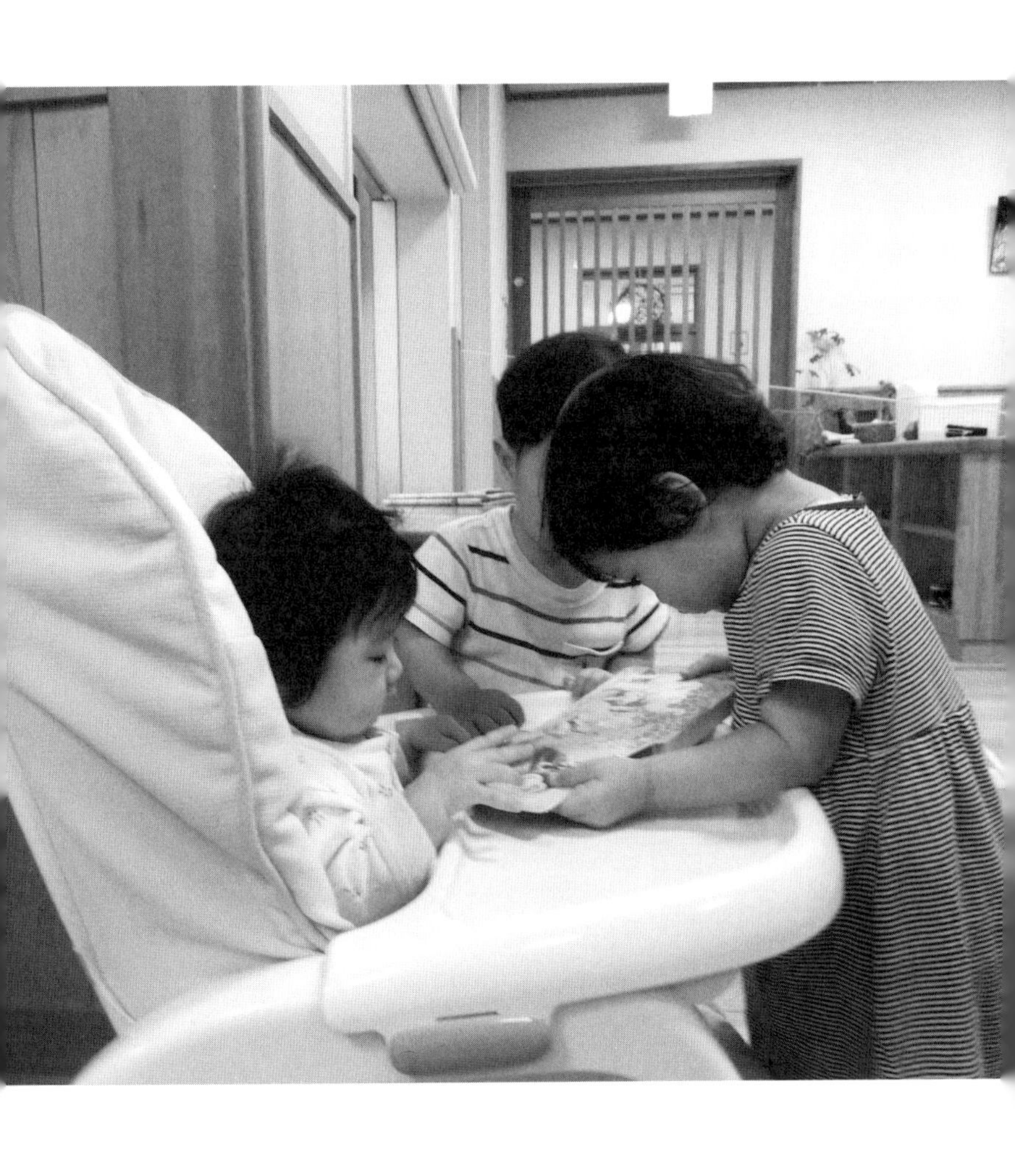

子どもたちは保育者の様子を見ながら、人とのかかわり方を学んでいきます。保育という場では、自分より小さい人を思いやったり、助けたりという子ども同士の関係性も十分に育てていける可能性があります。

エピソード5

これはみんなで散歩に行ったときの帰り道の写真（左）です。ナースリールームまであと30メートルぐらいというところで、1歳児が2歳児と一緒に帰りたいと言いました。2歳児にとっては、走ればあっという間に着いてしまう距離なんですけれども、この1歳児の思いを受け止めて、3歳児のふたりが電車にして連れて帰ってあげました。

ふたりとも間に入っている子の歩幅が狭いのをちゃんと理解していて、前の子が引っ張ると後ろの子が「もっとゆっくり」って言うんですね。そうすると前の子が歩調を緩めて「大丈夫？」と後ろの子に聞き、後ろの子が1歳児の様子を見て「大丈夫」と。そうやってかけ合いながら少しずつ少しずつ進んで、この子の思いを満たしてナースリールームまでの道を帰ることができたんです。人を思いやる気持ちだったり、やり取りしながら調整する力だったり、コミュニケーション能力だったり、そういうことができる自分に対する自信だったりが育っているからこそ、できたんじゃないかなと思います。

私たち保育者はその様子を見て、「この子の思いを受け止めて連れて帰ってくれて、本当にありがとう」と、心からお礼を言いました。

保護者が安心して子どもを託せるということ

保育が本格的にスタートすると、保護者が保育を見られるのはおもに送迎時になります。朝夕の保育者とのやり取りで担任の先生と会えない方たちは、連絡帳に書かれていることから子どもの様子を想像するしかありません。

先ほど慣れ保育、慣らし保育のときに、保育の日中の様子を見てもらうことも大事というお話をしたのは、保護者自身、見通しが持てること、想像がつくことで安心できるという部分があるためです。保護者の不安は、わからないことがたくさんあったり、見えないことや見通しが持てないことからくるんですね。ですから、わからないことをわかりやすく伝えたり、見えなくても想像できるように説明したり、子どもの様子を連絡帳に書いたりすることで、保護者の不安は軽減されるのではないかと思います。

入園が決まったときや面談の際に保護者と話をすると、「保育園に行くのだから母乳ではなくてミルクにしたほうがいいのか」とか、「離れるときは泣かれるからそっといなくなったほうがいいのか」とか、「靴を履く練習をしておいたほうがいいのか」など、インターネットやママ友からそんな情報を得ていて、保育園に来る前から保育園に入るための準備を頑張っている様子がうかがえたりします。でも、生まれてからまだ1年とか1年半しか経っていないのですから、何も頑張ることとなんてなくて、そのときどきの状況を子育ての中で楽しんでもらいたいと思うんです。

この時期の子どもたちは本当に成長が早いので、その瞬間を見逃してしまうともう二度と取り戻せません。「保育園に通うために、いま何をやらなければならないか」というかかわりをしてしまうと、ちょっともったいないなと思います。

保育園の4～5月は「保護者との信頼関係を築く」みたいなことが目標になることも少なくないでしょう。でも、「信頼してください」と言って信頼してもらうのではなくて、毎日の誠実なやり取りの積み重ねが結果として信頼になり、気がついたら安心して頼りにしてくれているということだと思うんです。

保護者は、保育者を信頼しようと思って頑張っているんですよね。その保護者の信頼しようという思いに、保育者は甘えてはいけません。信頼されて当たり前というおごりもいけません。**信用したいと思っている保護者の気持ちに誠実に答えていくことが大事です。**

子どもの泣き声を聞きながら別れていく保護者の気持ちというのは、本当に切ないものです。子どもたちはほんの数分で泣きやんでいたりするんですけれども、**保護者は別れている間ずっと、子どもの泣き声が耳の奥に残って胸を痛めているケースがあります。**

ナースリールームでは、別れ際に保護者が心配しているなというときには「お子さんの様子をお伝えすることができますので、気になったときはいつでもご連絡くださいね」とお話ししています。電話で「その後どうなりましたか?」「大丈夫ですか?」とご連絡をいただくことがあり、そのときに「5分ぐらいで泣きやんで、もう楽しくお散歩行っています」と言うと、それだけでほっと胸が軽くなるようです。

保護者の方には、子どもといるときには子どものこと、仕事のときには仕事のことを考えてもらえるよう、うまく切り替えていけるようにサポートすることも、保育者の大事な役割なのです。

保護者の就労のためだけではない、保育園の役割

保育園は、子ども一人ひとりがのびのびと自分を発揮して過ごすところであるべきです。ただ危なくないように大人が見て、過ごすところではないんですね。

そしてくり返しになりますが、仲間、友だちとの出会いでの場としても大切なところです。人とかかわることって楽しいな、おもしろいな、素敵だなということを実感として覚えていると、もっと広い世界に出たときに、そういうやり取りができる相手を探して、さらにつながっていけます。**人との出会いのスタート地点でそんな関係性を築いていく場所であることも**、保育園の役割だと思います。

そして、保護者にとっても、保育園に通うことで、わが子のことを共有し理解して話をすることができる保育者と出会えたことが安心につながった、と思っていただけるような関係性になることが目指すところだろうと思います。

核家族化、少子化も進んでいて、保護者が安心して子育てをするのが難しい時代になっています。そういうときに、子どものことを知ってくれている、自分のことも知ってくれている人がいる中で子育てができるという安心感、心のよりどころとなるのが保育現場に求められていることではないでしょうか。

人とのかかわりも難しくなっていますが、同じ時代に子ども同士が同じ場所で育ち合っている保護者同士が結びついて、安心感だったり心強さだったりを感じられる、そんな関係性を築いてつながっていけると、いまだけではなく子どもたちが成長していく先でも、きっと保護者の心のよりどころになっていくことでしょう。

世の中では、「大人の事情で通っている子どもがいる場所」が保育園だと考えられているかもしれませんが、決してそうではないということを、現場から発信していきたいと思います。

就労を保障するために保育園は社会に欠かせない場所という認識が広がってきて、保育者はエッセンシャルワーカーなどと言われたりすることも多くなりました。でも、保育園は保護者の就労のためだけにあるわけではないですね。保育園は子どもの育ちにとっては欠かせない場所。もっと子どもの視点で語ってほしいと思うし、私たち保育者も、もっと子どもの視点で語っていかなければいけないと思っています。
では、今日のお話はここまでにさせていただきます。ありがとうございました。

第一講のポイントまとめ

- □ はじめて保育園に通う人たちを受け入れるときに大切なのは、子どもと保護者の「安心感」。

- □ 保育者から伝えることよりも、保護者から伝えてもらうことを大切に。保護者の不安な気持ちに想像をめぐらせ、寄り添っていくことが大事。見通しが持て、想像がつくことで、保護者は安心できる。

- □ たくさんのことを一気に受け止めようとしている子どもの気持ちに寄り添い、一人ひとりの生活や発達のペースと個性を尊重する。尊重され、自分のペースで生活でき、自分のやりたいことがのびのびできていると、機嫌のいい子が増え、一人ひとりを尊重するためのかかわりに、よりエネルギーを注げるようになる。

第二講

保護者とのかかわり

～保育の場だからこそできる保護者支援とは～

みなさん、こんばんは。二講目となる今回のテーマは「保護者とのかかわり」です。前半はその基本的な考え方について、後半は「子どもの自我との向き合い方」の実践を通して、保育と保育者の役割、保護者支援の役割について考えてみたいと思います。

保育の現場では、保護者とのやり取りは毎日欠かすことはありません。特に0・1・2歳児の保育では、子ども自身がまだ自分のことを話せないですし、体調や発達の面でも共有していかなければならないことがたくさんあります。また、この時期の保護者ははじめて親になった人や仕事に復帰したばかりの人も多く、子どもの育ちの支援だけでなく、保護者の支援も保育の現場に求められています。実際に保育の中では、子どもにかかわることと保護者支援のどちらかにウエイトがかかるということはなく、両輪で並行して進んでい

きます。

保護者が求めている「支援」とは何か

では、保護者支援とはどのようなことでしょうか。

いま世の中で「保護者支援」というと、保育時間の延長や保育の長時間化に伴う夕方の食事の提供についてなどがいわれますが、これらはどちらかというと大人（保護者）にとっての都合を考えた支援です。

でも、保護者が求めているのは、こういったサービス的な要素だけではなく、「もっと子どものことが知りたい」とか「子どものことを理解したい」などといった思いに応えるような支援なのではないでしょうか。

0・1・2歳児の保護者は、じつはわが子をもってはじめて子どもとかかわる人がほとんどです。また、第2子、第3子だったとしても、2人の子ども、3人の子どもの親としてははじめての経験です。

毎日、保護者の方と接していると、子育てに余裕なく暮らしている方たちの姿をよく見かけます。「ベビーカーに乗りたがらないのは何でだろう」「この子はどうして泣いているんだろう」という戸惑いに寄り添って子どものことを解説してくれる保育者という存在は、保護者にとって大きな力になります。

保育の現場では、日常子どもたちと一緒に過ごして、たくさんのエピソードを持っています。そのエピソードを通して語られる子どもの様子から保護者に伝わることというのは、育児書やインターネットで調べる内容より、よほど説得力があります。大変なことも多い子育てですけれども、「子どもを産んでよかったな」「子育てしててよかったな」「子育てしているから、こんな世界と出会えたな」という思いにつながる支援ができたら、保育の現場の役割としては、大変意味があります。

「保護者に寄り添う」という言葉をよく使います。どんなふうに寄り添っていけばいいのかというと、まず保育者自身が、お父さんやお母さんのことをどう見ているかということがとても大事です。子どもにとってはお母さんだけれども、ひとりの社会人であり、また妻でもあります。お父さんも同じで、子どもにとってのお父さんという以外にいろいろな側面を持っています。「子どもの親」としてのあるべき姿だけを求められてしまうと、そ

保護者自身を知る

のことが保護者を追い詰めてしまうこともあります。保育者には、子ども一人ひとりを理解するのと同じように、お父さんやお母さん自身のこと、またその背景のことを理解したいという気持ちを持つことが大切です。

では、どんな視点から保護者を見ていけばいいのでしょうか。

その子どもが第何子なのかということや家族構成もポイントになります。おじいちゃん、おばあちゃん、あるいは助けてくれる人が近くにいる場合は、育児をしていくうえでの大きな力になってくれますが、そういう存在がいない人もいます。

保護者がどんな仕事をしているのかも知っておきたいですね。シフト制で働いている人、土・日・祝祭日が休みではない人、季節によって忙しい時期が異なる仕事もあります。また、0歳児のお母さんみんなが育休を取れているわけではなく、いろいろな事情で早くに仕事に復帰している人たちも少なくありません。そういった場合に、お母さんの体調にもこまやかな配慮が必要になります。

保護者の様子や話、またその背景から、なんらかの不安を持っていないかということも察していく必要があります。

お母さんがイライラしていると子どもとのかかわりに大きく影響が出てきますが、このイライラというのは、出産後、体が戻っていくうえでのホルモンのバランスにもよりますし、授乳や夜泣きで、慢性的な睡眠不足になっていることが原因の場合もあります。

育休明けで仕事に復帰した方たちに私たちが必ず聞くのが、「休みは取りやすいですか?」とか「職場は育児に理解がありますか?」ということなんです。**この時期の子どもは、どうしても体調を崩しやすく、子どもの体調不良で急に仕事を休まなければならないということが、保護者の大きな負担**になっていたりもするからです。

たとえば、休みを取りづらいという人が、子どもの体調が悪くなって何とか段取りをつけて帰ってきたときに、「お母さん、お仕事大丈夫でしたか?」と声をかけるのとかけないのとでは、受け取る保護者の気持ちも全然違ってきます。

子育てではお父さんの存在も欠かせません。でも、特に月齢の小さい子どもたちのことはお母さんがやっているという思い込みがあって、お母さんに何かを聞く、お母さんに情報を出すというように、**保育園側がお父さんを遠ざけてしまっていることもあるのではないでしょうか。**実際に子どものことをお父さんに聞いてもよくわからないという場合もありますが、その逆もあって、そこのところを把握していないと連絡がうまくいかなかったり、子どもについての情報が得られなかったりします。

ナースリールームでは、たとえば、体調が悪いときにどちらに連絡するのか、ご家庭ごとに連絡先の優先順位を書いていただいています。

保護者と連携していくためのさまざまな方法

保護者支援として、保護者と連携していく方法はいろいろあります。毎日のやり取りとしては、送迎時の会話や連絡帳がありますね。

送迎時は基本的に毎日、保育者は保護者と会うことになります。送迎時に保護者と直接会ってやり取りできる時間は、とても貴重です。送迎がおじいちゃん、おばあちゃんだったり、ファミリーサポートの方たちだったりする場合は、保護者との直接的なやり取りができるような配慮が必要になります。

連絡帳は、保護者支援として、また保護者と連携していくうえでとても重要なツールになってきますので、のちほど詳しく触れていきたいと思います。

個人面談

定期的なやり取りとしては、個人面談があります。ナースリールームでは一応期間を設けて実施していますが、リクエストがあればいつでも受けるようにしています。

また、ナースリールームでは家庭訪問を年に1回行っています。ただし、同じ担任が続く場合や家庭訪問に抵抗があるご家庭は、個人面談に切り替えることもあります。

家庭訪問は、保護者の方がリラックスして話をされることが多いので、訪問前よりもよい関係になれることが多く、また、家庭の状況がわかることで連絡帳に書かれている内容がわかりやすくなるという大きなメリットがあります。家庭訪問ができない場合には、個人面談でカバーできるように、面談の内容を工夫していきます。

保育参加

保育参加は、保護者の方が参加したいというとき、散歩のとき、半日だけなど、保護者のリクエストに沿った参加の仕方をしてもらっています。わが子の様子を見るという目的もありますが、わが子とともに育っているほかのお子さんたちの様子を見る機会にもなりますし、保育者のかかわりを見る機会にもなります。保育者側にとっても、保護者の感じ方や思いに近づくための有意義な時間となります。

ただし、保育参加のとき、「自由に見てください」としてしまうと、見方に偏りがあったり、**逆に心配ごとを増やしてしまう**こともあります。子どもは自分のお母さんやお父さんがいると、一緒に過ごしたくてくっついていたりしますから、いつもの保育とは違った様子になることを大前提に見ていただくこと、また、「みんなと一緒に遊んでおいで」などの言葉はかけないようにしていただくことなど、必ず事前にオリエンテーションをしています。そして保育参加が終わったあとに、感想を聞いたり、保護者からの質問に答える時間を設けています。

おたより

月のお知らせ（**おたより**）は、園や保育者の意図を伝えたり、啓蒙するとても大事なツールです。ナースリールームの場合、おたよりはA4サイズで、0・1・2歳児各クラスで1枚ずつ、全体に対する発信で1枚、保健だより1枚の5枚つづりで、月のおたよりとして出しています。

各家庭と個々のやり取りになる連絡帳とは違って、**おたよりはクラス全体が読むということに意味**があります。保護者同士は、じつは年に何回かしか会わない関係性だったりしますが、このおたよりを共有することで、「おたよりに書かれていたこの間のピソード素敵でしたね」といったやりとりにつながるなど、**保護者同士の距離を縮めることにも役立っ**

ています。

全体で顔を合わせる機会となる保護者会は、保護者にもお話しいただく貴重な時間ですから、計画を密に立てて有意義な時間になるように配慮しています。

保護者会では、各クラスの担任が普段の保育の様子をスライドショーにして、子どもの遊びや成長、保育者のかかわりや、その意図についてお話ししています。子どもが真剣に取り組んでいる様子、夢中になっている様子など、家庭とは異なる遊びや表情を保護者の方たちはとても楽しみにしていて、それを中心に担任と話をしたり、保護者会の話題に取り上げたりしています。

子どもと保護者と保育者をつなぐ連絡帳

連絡帳は、保育者が書くことによって保護者の子ども理解につながり、また保護者に書いていただくことで保育者がさらに子どもを理解することにつながる、そういう意味では、保護者と保育者と子どもを結びつける、とても大事なものです。そして、ちょっとおこがましい言い方なんですけれども、保護者の親としての育ちの記録にもなっていくものだと思っています。保育者と保護者の双方思いがつづられていきますから、子どもたちにとっては一生の宝物になるのではないでしょうか。子どもたちが振り返ってそれを読んだときに、自分がどんなに大事に育てられたかという思いを抱ける大事なものになりますし、また、そのような記録にしなければいけないと思います。

保育の中では連絡帳を書くことが負担になっている場合も少なくないかもしれませんが、「書かなければならない」と思って書くのは大変もったいないことです。これこそ本当に、毎日できる子育て支援、保護者との連携のツールになるものです。これをどのように充実させていくかが、保育の質にもつながっていきます。

私自身は、連絡帳を書くというのがすごく楽しみだったんですね。今日は何を書こうかな、どんなことを伝えようかな、それを読んで保護者の方がどのように思い描くだろうということを考えながら、連絡帳を書いていました。

お迎えのときに、まずパッと連絡帳を開く保護者の方たちがたくさんいます。それを見ていると、どれだけ連絡帳を楽しみにしているのかということが感じられます。

ナースリールームの場合はおもに担任がかかわっていますが、担任以外も連絡帳を書くことがあって、その場合は記述の最後にカッコで名前を記すようにしています。保護者がその名前を見て、「今日は○○先生が入ってくれたんだな」と思うと、担任以外にも信頼を寄せたり興味を持ったりすることになりますし、いろいろな保育者が自分の子どもにかかわって見ていてくれるということは、保護者の園に対する信頼にもつながっていきます。

連絡帳やときには口頭で、保護者からはいろいろなリクエストが入ります。

「洋服は1日に1回替えてもらえるんですか」とか、「おむつ交換はおしりが荒れないうちにお願いします」とか、「泣いたときにはすぐに抱っこしてあげてほしい」とか。こんなとき、「していますよ」「大丈夫ですよ」というだけでは保護者の不安は解消されないんですよね。その保護者の背景にあるのは、自分が仕事をすることで子どもに何か不都合があったらどうしようとか、自分がそばにいられないつらさや、残念さ、焦りなどがあるのだろうと思います。

こういうリクエストを一つひとつ解決していくことも必要かもしれませんが、一方で、保育園が子どもにとって気持ちよく過ごせる大事な場所であるというのがわかり、保育者に対する信頼が重なってくれば、保護者の不安は自然と解消されることもあります。

注文の多い保護者だな、困った保護者だなと思うのではなく、その背景にある保護者の気持ちに共感しながら、安心してもらえるようなかかわりや支援を心がけていくことが大切です。


保護者がどうとらえるかを想像しながら、お迎えのときに言葉を添える、連絡帳にひと言添えるというだけで、保護者との関係が変わってくることもあります。

あるとき、こんなコメントが連絡帳にあったと担任の先生から報告がありました。

「昨日はお昼寝が長かったようですね。夜10時くらいまで元気で、寝るのが遅くなってしまいました。もう少し早く起こしていただくことはできないでしょうか」

そのお母さんからは、以前から「お昼寝が長いと、夜、寝なくて大変」という話は聞いていましたから、担任の先生も配慮はしていました。でも、睡眠時間の記録だけでは、保育者が配慮したことは伝わらないんですね。

「気温も高くなってきて、散歩にも出かけたため、いつもより疲れていたのかもしれません。途中で声を掛けてみましたが、目を覚ましませんでした。いつもより長く眠っていますが、ご家庭での様子をまたお知らせいただけたらと思います」

こんなひと言があったら、保護者からのコメントは違っていたのでしょう。

保護者とともに、子どもの自我と向き合う

子どもの自我

さて、ここからは子どもの「自我」についてお話ししていきたいと思います。

子どもの自我が出てくると、保護者の方は、迷ったり悩んだりイライラしたりするなど、気持ちが大きく揺れがちです。この時期の親子関係を支えることが今後の親子関係にも影響していくと考えられますから、保護者とともに、この子どもの自我と向き合っていくことが大切です。

「ダメ」「イヤ」

子どもの自我が出てきたとき、いわゆる「イヤイヤ期」といわれますが、「ダメ」とか「イヤ」とか言い始めたとき自我が生まれてくるわけではありません。もっと小さい赤ちゃんのときから、仕草だったり姿勢だったり表情で、子どもは自分の意思を伝えているんです

ね。いままでは表現できなかった自分の思いを表現できるようになったわけですから、**はじめて「イヤ」だとか「ダメ」と言ったときは、私たちの中では1歳の誕生日を迎えたのと同じくらいの思いをもって「おめでとう」という気持ちを伝えています。**大人の観点から「困った時期」とか「大変な時期」としてしまうのは大変残念でもったいないことです。子ども自身は伝えたいことや話したいことがいっぱいあるんだけれども、自分の言いたいことはなかなか言えない、それが短い言葉で表されているのです。

そのとき「ダメじゃないでしょう」「違うじゃないでしょう」ではなくて、「○○だからダメだったんだよね」「○○だから違うんだよね」というように、**言葉のあとに続く表現しきれなかった思いを代弁していくこと、子どもの気持ちを理解しようという視点で接していくことが大事です。**

エピソード1

自我の表し方も子どもによって差があります。

2歳10か月で入室してきたGくんは、「どうして?」とか「なんで?」とか、「どうやって?」と探究心や好奇心が旺盛で、体も大きく、声も大きな子どもでした。ほかの子に対する興味も強かったのですが、「イヤ」や「ダメ」という否定的な言葉が多くて、周囲とのトラブルも多くありました。

ダメと言い始めると大人の話を聞き入れない様子もあって、人、特に大人に対する強い不信感があるのではないかという印象を受けました。それまで通っていた保育園や幼児教室では「困った子」と言われていたようで、お母さん自身も同じような思いを抱いているように感じられました。

確かに保育をしていく中では、あちこちでトラブルが起き、ほかの保護者からも「Gくんが怖いので子どもがナースリールームに行きたくないと言うんです」というような話も耳に入るようになっていました。でも、冷静に考えてみたときに、生まれて3年にも満たない子どもが、自分に向けられる否定的なまなざしの中で過ごしていくって、どういうことなんだろうと思ったんです。大人だったら耐えられないですよね。

でも、子どもは自分の与えられた環境から逃げ出すことはできません。逆にGくんの強さが、否定的なまなざしの中でも自分を守ってこられた理由なのではないかと思いました。

人への信頼が育って、お互いの思いや考えを尊重して、人とのかかわりがおもしろいと思うためにはどう配慮していったらいいのか、どんなかかわりをしていったらいいのかというところから、私たちの保育がスタートしました。

はじめのうち、ほかの子が自由に水道の水を出して遊んでいると、Gくんは「ダメ」「水は大人が出すもの」と言って止めてしまっていました。そこで「水は自分が必要なときに出して使うものだよ」と伝えていくと、Gくんの水道での遊びが始まりました。

どうやったら石けんが泡立つのか徹底的に泡立ててみたり、泡立てた石けんでシンクや床を洗ったり、自分の顔を洗ったりもしていました。毎日、何日にもわたって行われた遊びですが、「石けんはきれいにするもの」という視点からはぶれていなくて、Gくんは上手に遊びを展開しているんですね。探求心や集中力、根気強さみたいなものは素晴らしいなと感じていました。

たまたまあった洗濯バサミとタオルからも遊びを見つけるなど、大人のしていることをよく見ていて、「あ、これ!」と思いついたときに、頭の中の自分の引き出しから持っている知識を出してきて、遊びを広げていくのがとても上手でした。そして必ずこれをほかの子どもたちが見ているんですね。Gくんを怖いと言っている子も、Gくんの遊びをよく見ていました。

園庭の水道で遊んでいるとき、Gくんはバケツにズボンを入れて水を強く当てると、洗濯機のようにぐるぐる回るということを発見しました。それを見て真似しようとした子がいたのですが、同じようにやっても回らない。するとGくんが手伝って、あっという間に回るようにしてあげたのです。Gくんは、どうやったら洋服を入れたバケツの水が回るかということを理解していたのですね。この遊びはどんどん発展していって、洋服の素材によって回りやすいものと回りづらいものがあるというところまで突き詰めていました。

そういうGくんの魅力に、大人よりも先に気がついたのは子どもたち自身だった、というのが私たち保育者の中に実感としてありました。

1歳児のMちゃんは自分を表現することが少なくて「やってみる?」と聞いても首を横に振ってただ見ていることが多かったのですが、思いっきり自分を出すGくんのことをすごく魅力的に感じたようで、ある日ナースリールームに来ると、「Gちゃんを見ていてもいい?」と言ったんですね。

この言葉は、私たちにすごく響きました。MちゃんにとってGくんを見ることが遊びになっていたんです。自分のことをおもしろい、素敵と思ってくれている友だちの視線は、

Gくんの気持ちにもすごく響いていたのではないかなと思います。

Gくんと Mちゃん、学年は違うんですけれども、お散歩に行って「Mちゃんのことは Gくんに任せるね」というと、本当にやさしく手を引きながらエスコートしていました。勢いのある Gくんなので散歩のときも勢いよく走ったり跳んだりするんですけれども、Mちゃんといるときは、ゆっくりやさしく歩き、そして手を離してほしいときには、すっと手を離してあげます。

ある日の散歩のとき、Gくんがコンクリートの上がとても暖かいことに気がついて「気持ちぃぃ」とゴロゴロ寝転がったら、Mちゃんも真似をしてゴロゴロと転がったんです。こんな Mちゃんの姿を私たちも見たことがなかったので、とても驚かされました。お互いに影響しあって遊びを広げ、関係を築いて、経験を広げていっていることが見てとれました。

また、Gくんは動きが大きくてダイナミックな半面、こまやかなことがあまり得意ではなくて、ダンゴムシや草花を見つけるのが苦手でした。そんな Gくんとは違った個性を持つ Kくんに「ここにダンゴムシがいたよ」と教えてもらったとき、「さすが Kくんだね」

という言葉がGくんから聞かれたんです。

人が褒められるということがGくんはすごくイヤで、だれかのことを「さすが」と褒めると「違う。さすがはGくんだけ」と言って怒っていたのですが、友だちの魅力に気がついて、自分から「さすが」という言葉も出るようになりました。

月齢も高く体力もあったので、お母さんと話し合い、午睡はGくんの様子を見ながらとっていくことにしました。月曜日から木曜日までは、午睡をしないで過ごすことがほとんどでした。ひとりで起きている時間が多かったので、「困ったら呼んでね」と声をかけて、Gくんがやりたいことを自由にできるような環境を整えていました。

ひもに興味を持ったときには、ぐるぐるといろいろなところに巻きつけているうちに、最終的に〝ひもを結ぶ〟というところに自分でたどり着きました。このひとりで遊んでいる時間に、Gくんはさまざまな素材に触れることで、その特徴を理解し、いろいろな方法で自分を表現することの経験を積み重ね、遊びの幅を広げていきました。

記録を取りながら振り返っていくと、強い好奇心や探求心、諦めず納得するまで取り組むところ、考えたことを実行に移す行動力、自分の思いを自分の持っている手段で表現する力、そういったものがGくんの魅力になっているのではないかと思いました。

Gくんをどう受け止めていこうか、どう尊重しようかというよりも、それを超えて保育者のほうが「おもしろい」「素晴らしい」「なるほど」というように、心の底からGくんに感心させられることが増えていきました。

気持ちを解放して、やりたい・やってみたいと思ったことは、できるだけ実現できるようにする。危険なこと以外は先回りして止めることはせず、やってみた結果で一緒に考えてやっていいこととそうでないことの区別をつけていく。興味のあることに対し、ひとりでじっくり取り組んでいるときには、その時間と空間を保障していくということを、担任だけではなく保育者間で共有し、一貫した考えのもとでGくんとかかわっていきました。

そうしていく中で、Gくんからは否定的な言葉が減ってきて、ほかの友だちのことを認めることが増え、主張する言葉よりも共感する言葉が増えていきました。また、Gくんの中で、仲間と過ごすことが楽しいという思いが強くなっていきました。

私たちが感じたのは、「困った子」と言われているのは本当に困った子なのかということです。子どもにかかわる大人が、じつは困っていただけではないのか、子どもが変わったのではなくて、子どもにかかわる大人が変わったことによって、子どもとの関係性が変わったのではないかと思います。

私たちはGくんとかかわっていく中で、Gくんの視点に立った見方を毎日の連絡帳で伝えていくことを心がけていました。

入室当初、お母さんの言葉からは子育てに対する大変さが感じられることが多く、Gくんに対しても「変わってほしい」という思いが伝わってきました。そのお母さんの思いは否定せず、Gくんの思いを丁寧に解説し、代弁するようにして伝えていったところ、2か月後ぐらいには、「私がイライラして怒ってしまった」などというように、お母さんの表現も変わっていきました。Gくんを否定するのではなく自分のこととしてとらえ、Gくんを理解しようとする気持ちに変わっていったのでしょう。Gくんがやっていることをおもしろがったり、感心したりする様子もうかがえました。

わが子のことを肯定的に見てくれる人の存在というのは、保護者にとって大きな安心の材料になります。Gくんは保育者のこうしたかかわりによって、Gくんにとって最も身近な人、〝お母さん〟から自分に対する理解と共感を得られたのだと思います。

保護者は先が見通せないことで不安になったり、答えを出し急ごうとするかもしれません。**でも保育者は子どもの専門家として、その子なりの発達を踏まえた見通しを持ちながら、いま大切にしたいことを伝えていく必要があります。**

また同時に、子どもの側に立って、子どもの思いを代弁していくという役割も、大きいのです。

子育てに前向きになれるサポートを！

園のルール

これは毎年どこかで出てくる問題なんですけれども、子どもが「大切なものを園に持っていきたい」というようなことがあります。

私物を持ち込まないというのが一応のルールになっていますが、でもやはり発達の過程では、大事なものを身近に置いておきたい、一緒に持っていきたい、自分の好きなものを大好きな人たちと共有したいという気持ちが起こります。保護者の方からはもっと明確なルールを作ってほしいというリクエストがあったこともあります。

エピソード2

一時期、ある子どもが家からゴミ収集車のおもちゃを持ってきていました。はじめは「離さない」「保育室に持って入る」と話していたんですけれども、職員室にいる先生（私です）に預けておくということになり、そのうち、駐車場（下駄箱）に停めておくということになって、最終的には持ってきたカバンに入れておくようになっています。時間を経て見通しが持てるようになると、自分で考えて「家で待っていてね」などといって、置いてくるようになるのではないかと思います。

ルールを作るのは簡単ですが、〇か×かだけで決めてしまうと、子どもがいろいろ感じ、考えているこまやかな葛藤のようなものを、ないものにしてしまうということがあります。ルールを守っているか、守っていないかということだけで子どもと接するようになると、子どもは大人の顔色を見るようになったり、自分で感じたり、考えたり、判断することをやめてしまいます。

ルールで解決できないものや、しないほうがいいこともあります。保育者はそれを見極め、子どものこまやかな感情に寄り添っていく。そのことを保護者と共有したり、子どもの気持ちを説明し代弁していくということも、保護者を支援するものとしての大事な役割になるのではないかなと思います。

エピソード3

最後にもうひとつエピソードです。

2児のお母さんの、下のお子さんが2歳でナースリールームに入室してきました。卒園まであと4か月という時期で、子どもたちの中では仲間関係も出来上がっていましたから、無理に仲間に加えようとするよりも、担任の先生と関係を築いていく中で楽しく通ってこられたらいいですね、とお母さんとも共有していました。

でも、**その子が入ったことで新しい風が2歳児の中に吹き込んで、やや固定化していた子どもの遊びや人間関係がすごく動き始めたんですね。**その子にとっては新しい環境になじむ大変な部分もあったかもしれませんが、その子の持っている個性によって、気持ちよくのびのびと自分の思いを表現して過ごせていたように思います。

その様子を当時3年目だった担任が「すごいですね」「本当にもう感心しちゃいます」とエピソードを通して丁寧に伝えていったところ、卒園のときに保護者の方から、「子どもを産んで育てていて、これでいい、大丈夫だと思えたこと、自信を持てたことなんて一度もなかった。でも連絡帳やお迎えに来たときの先生のお話で、大丈夫なんだと思えた。そのことがとてもうれしかったし、感謝している」

という言葉をいただきました。

逆の立場から考えたときに、世の保育者はこんなポジティブな思いやメッセージを保護者にきちんと丁寧に伝えているだろうかと思いました。保育者が保護者に声をかけるときは、困ったことだったり、お願いがあることだったり、ポジティブなことよりはネガティブなことのほうが多いのではないでしょうか。

保護者とのかかわりを考えたときに、保護者が子育てに前向きな気持ちになれるようなサポートをしていけたらいいなと思いますし、保育の現場だからこそ、そんなサポートができるのではないかとも感じます。

説得力をもって保護者の方に子どものことを解説していく、そのためのエピソードを持つには、やはり子どものことを丁寧に見て、深く理解していく、また自分の保育を客観的に振り返るということがとても大切です。

ここで今日のお話を終わります。ありがとうございました。

第二講のポイントまとめ

- [ ] 求められるのは、「子どものことを知りたい」などといった保護者視点に立った支援。戸惑いに寄り添って子どものことを解説してくれる「保育者」という存在は、保護者にとって大きな力になる。

- [ ] 子ども一人ひとりを理解するのと同じように、保護者自身のこと、またその背景のことを「理解したい」という気持ちを持つことが大切。

- [ ] 個人面談、家庭訪問、保護者会などの機会や、連絡帳やおたよりなどのツールを上手に使って保護者と連携をとる。

- [ ] 子どもの自我が出てくる時期の親子関係を支えることが今後の親子関係にも影響していく。保護者とともに子どもの自我と向き合っていくことを大切にする。

第三講

夏の過ごし方

～夏の暑さを乗り切る～

みなさん、こんばんは。あっという間に梅雨が明けて夏がやってきましたね。今日のテーマは、「夏の過ごし方」。小さな子どもたちの健康を守ること、そしてエピソードを交えながら、夏ならではの楽しみ方を紹介していきたいと思います。

夏というと、子どもが元気に弾けて遊んでいる光景が思い浮かぶ方も多いかもしれません。でも、0・1・2歳の子どもたちにとって大切なのは、暑さを少しずつ経験しながら、上手に暑さをしのいで無理なく過ごすということです。

夏は、この時期の子どもの体の特徴を理解していないと、子どもたちにとって危険なことがいろいろ起こってきます。毎年、子どもの熱中症による死亡事故の報道があります。中には子どもの体について理解をしていれば、防げたケースもあるのではないかと思うと、

本当に心が痛みます。

0・1・2歳児の体の特徴については、保育園だけでなく家庭とも連携して、どこにいても子どもたちが守られるように、知識や情報を共有していく必要があります。

子どもの体の特徴を理解して、暑さから「命」を守る

夏を過ごすにあたり、まずはこの時期の子どもの体の特徴について理解していきましょう。

まず、体温についてですね。新型コロナウイルス感染症が流行して以降、少しでも体温が高いと、ひやりとすることが多いのではないでしょうか。みなさんの保育園でも、毎朝家庭で検温してきてもらい、保育園でも検温していると思います。

子どもの体温

体温を把握することのポイントはふたつあります。ひとつは平熱を知ること。もうひとつは、一人ひとりの子どもの体温調節のタイプを知ることです。

平熱についてはわかると思いますが、体温調節のタイプを知るとは、どういうことでしょうか。

体温は自律神経がつかさどっていますが、この時期の子どもたちは、この体温調節機能が未熟なため、外的な要因によって左右されやすいんですね。そのため外気温の影響をとても受けやすいという特徴があります。

それぞれの子どもによっても個人差があって、体温調節が上手な子もいれば、気温や環境に左右されやすい子もいます。同じ37・5℃という数字が出たとしても、平熱がいつも36・7~8℃で安定している子にとっての37・5℃と、体温が上下しやすい子どもにとっての37・5℃ではとらえ方や配慮が違ってきますから、検温の際には、その子の平熱と体温調節のタイプを把握する必要があります。

検温のポイント

このとき、検温の条件が違ってしまうと、データとしての意味がなくなりますので、毎日、同じ時間帯に、同じ体温計で、同じような環境で測ることが大事です。たとえば、登園して水分補給をして一段落したところというように決めておきましょう。

冬に寒くなってきて登降園時に重ね着をするようになると、体の中に熱がこもって体温が上がってしまうことがあります。登園方法や登園時の服装も含めて、検温の際の参考にしていくといいでしょう。

室内の温度と湿度

保育の中で注意したいことは、室内の温度と湿度です。子どもは大人よりも低いところで過ごしているので、温度や湿度は子どものいる高さで測ります。

冷たい空気はどんどん下のほうに落ちていくので、大人が暑いなと思ってエアコンの温度を下げてしまうと、床に近いところで過ごしている子どもたちはかなりひんやりしていたりします。特にはいはいやお座りをしている子どもたちは床に接触している面積が広いので、寒い思いをしていることもあります。逆に、冬の場合は暖かい空気がどんどん上に行くので、大人が気持ちいいなと思う温度でも子どもの位置ではひんやりしていることがあります。冬に子どもたちみんなの体温が高いなと思ったら、床暖房の影響だったということがありました。子どもたちの過ごしている場所、過ごしている姿勢なども考慮して、利用方法を考えていくことも必要です。

体温が高いとひやりとしてしまいますが、これがすべてではありませんから、あまり体温だけに左右されすぎないことも大事です。表情や機嫌、食欲、便、皮膚の状態、また水分補給はどうかということも加味して、子どもの体調を判断していきます。

コロナ禍で経験しましたが、感染症流行時の発熱の考え方、対応については、見通しが持てるように、前もって保護者に伝えていくことが大切です。また、園の感染状況、家族の感染状況などを把握することによって、より的確な判断にもつながりますので、そのことを保護者とも共有していきましょう。

水分補給

次に、水分補給について。熱中症に対する配慮として最も大事なのが、この水分補給です。赤ちゃんは体重の80％が水分といわれています。大人の体よりも水分の割合が多く、水分が不足することは子どもにとって命にかかわりますので、重く考えていかなければなりません。

幼い子どもや赤ちゃんは、自分で喉が渇いたということを伝えられないんですね。赤ちゃんたちは新陳代謝が活発ということ以外にも、泣いたり、鼻水が出ていたりなど、水分が体の外に出ていく要因が大人よりもたくさんあります。それらのことも踏まえて、大人が配慮してこまめに水分補給していく必要があります。

水分補給するタイミングは、外出後（登園してきたとき）、沐浴のあとやお風呂上がり、汗をかいたとき、発熱しているとき、咳や鼻水がひどいとき、泣いたあとや外出中などです。水分補給のタイミングについては、保護者へのアドバイスとしても伝えておきましょう。

3歳ぐらいになると、「喉が渇いた」「お茶が飲みたい」と言う子も増えてきますが、夢中になって遊んでいると、喉が渇いていることに気づかないことがあります。口の中に水分を含ませるだけでも違ってきますから、あまり積極的に水分を取らない子は、「乾杯して飲もうよ」などと声をかけていくのもいいですね。また、大人が飲んで見せることも子どもたちが水分を取ることのきっかけになります。「一緒に飲もうね」といって、保育者も一緒に水分補給をするといいでしょう。

すごく喉が渇いていて、食事のときにお茶を一気に飲んだりすることも少なくないと思います。でもそうすると水分で胃液が薄まって食欲が落ちてしまうんですね。くり返すと食事が取れず、体力も落ちていってしまいますから、そうなる前のこまめな水分補給が必要です。

水分が足りているのか、足りていないのかは、おしっこの間隔がひとつの目安になります。夏は汗で水分が出るので、おしっこの間隔は長くなりますが、いつものタイミングでおむつを見て、続けておむつが濡れていないようなときには、気をつけてあげるといいでしょう。

唇の乾き、皮膚の乾きも見るポイントになりますが、唇が乾いている場合は、水分が不足しているかもしれません。そこまでにならないように、「夏は水分補給」ということを心がけてほしいと思います。

暑い時期は、赤ちゃんを抱っこしていると、湯たんぽを抱いて歩いているように感じてしまうほど暑いので、できればベビーカーで移動させたいと思う保護者の方がいます。でも、時間帯によっては地面からの照り返しがあるため、大人が150センチや160センチの高さで感じているよりも、赤ちゃんが感じている温度のほうがずっと高いんですね。これは、歩いている子どもも同じです。70〜90センチの高さで感じている照り返しの暑さは、大人が感じている暑さとは違うということも頭の中に置いておくと、子どもたちの水分補給、熱中症に対しての配慮につながってきます。

肌のケア、沐浴……。心地よく夏を過ごすための配慮とケア

次に皮膚についてですね。赤ちゃんは肌のバリア機能が弱く、さまざまな刺激を受けや

すいという特徴があります。子どもたちの皮膚の厚さは、大人の皮膚の2分の1といわれているんですね。ですから、外からの影響をすごく受けやすい状況にあります。

3か月ごろまでの赤ちゃんは、お母さんからの女性ホルモンの影響で皮脂が多く分泌されるため、毛穴が塞がったりして新生児ニキビができやすいんです。でもその3か月を過ぎて一気に皮脂の分泌が落ちてくると、いきなり乾燥に弱くなります。汗をかいていると乾燥とは無縁に思うかもしれませんが、いまはどこにいてもエアコンなどが利いていますから、乾燥させないための配慮が必要になります。

新生児ニキビ

あせも

夏に気になるのが、あせもだと思うのですが、あせもも湿疹もまったくつくらず、きれいな皮膚のままで夏を過ごすことだけが子どもにとっていいことかというと、そうとも限りません。暑さを感じて、自分で汗をかいて体温を調節することを経験する時期でもありますから、その過程ではあせもができることももちろんあります。大事なのはそれをひどくしないということです。

あせもは、汗をかいてベトベトしたところに皮脂や汚れがついて汗腺が詰まり、次の汗がかけないことで起こるものです。あせもがポロポロポロっとできても、沐浴やシャワーで汚れや汗をきれいに洗い流してあげると、さっと引いたりします。赤ちゃんが小さければ小さいほどシワの部分が多いので、手首や足首、ももの付け根などの皮膚が重なっているところも、きちんと広げて汗を流してあげるといいでしょう。肘の内側、膝の裏側、あごの下など、皮膚と皮膚がくっつきやすいようなところもきれいに流してあげるといいですね。

あせもができてもひどくしないように皮膚を清潔に保つこと。さらに、乾燥しているとどうしてもかゆくてかいてしまうので、保湿クリームなどを利用して、常に赤ちゃんの肌が潤っている状態にしておくことが大事です。夏向けのさらっとした保湿クリームなどもありますね。

また、食事をしたときに、汁ものなどが肌について荒れてしまうということもあります。食事の前後に少し油分のあるもの（ナースリールームでは白色ワセリン）を塗ってあげると、食事の汁などが肌についても、油分がそれを弾いて皮膚への影響が少なくなります。

かゆかったりすると、どうしてもかいてしまうんですけれども、爪が伸びていると傷になってひどくしてしまうということがあります。爪が伸びていないかを、家庭と連携しながら確認することも必要です。

　夏によくあるのですが、パンツタイプのおむつをしていると、おなかのゴムのギャザー部分にあせもができてしまうケースがあります。そういう場合は、テープタイプのおむつに切り替えてあげると水分を吸い取る面が多く、おなかのところをギュッと締めつけないので、あせもがよくなることもあります。そんなことも、子どもの様子を見ながら調整していくといいでしょう。

皮膚のトラブルは、悪化させないということが大事です。だんだん広がってきたなということがあったら、皮膚科を受診するなど早めに対応して、上手につきあっていくことが大切です。ひどくならないうちに対応すれば、強い薬を使わずにケアすることができます。

虫刺され

　この時期の子どもたちは動きがそんなに大きくないので、戸外では蚊に刺されてしまうこともありますから、**虫刺されに対するケア**も必要になってきます。

　ナースリールームでは、**アロマオイルで手作りの虫よけスプレーを作って用意しています**。添加物を入れていないので、２週間ぐらいで使い切れる量を作って冷蔵庫などで保管し、使うときには小さなスプレー容器に移し替えています。また、はじめての子どもには、刺激で皮膚に変化がないかというのを試してから使うようにしています。

市販のスプレー状の虫よけは、子どもが風上にいても吸い込んでしまうことがあるので、できれば液体のほうがいいと思うのと、アロマオイルの爽やかな香りがするので子どもたちも、気持ちいいにおいだからと嫌がらず塗らせてくれることが多いです。大人が化粧水を塗っていたりするのを見ていたりもするので、「ママみたいにパンパンパンパンしよう」なんて言うと気持ちよく塗らせてくれます。

各家庭から虫よけスプレーを預かってしまうと、その管理も難しくなりますし、「これはだれのだっけ？」

ナースリールームの<手作り>虫よけ&かゆみ止め

虫よけスプレー

【材料】アロマオイル（レモングラス6滴、ゼラニウム3滴)、無水エタノール5mL、精製水45mL

【作り方】材料すべてをペットボトルに入れて混ぜ、冷蔵庫で保存。少量ずつスプレー容器に入れ替えて使う。

かゆみ止め

【材料】どくだみの葉、消毒用エタノール

【作り方】汚れをふき取ったドクダミの葉っぱを消毒用エタノールに2～3日つけておけばできあがり。少量ずつ小さな容器に入れ替えて使う。

とやっている時間は保育者の目が子どもから離れてしまうんですね。それは子どもにとってプラスではないことを、保護者の方にも説明してご理解をいただいて、共通のものを使うことにしています。

シール状の虫よけパッチもありますが、はがれたときに口に入れて誤飲する恐れもありますから、これも避けていただいています。

虫よけ対策としては、蚊取り線香も使っています。玄関のところにはフクロウ型の蚊取り線香を置き、庭ではふた付きのものを数か所に置いてたいていています。

やけどに対する配慮については職員間で共有して十分気をつけ、子どもたちにも伝えています。2歳の子は自分でわかっていたりするのですが、1歳の子は、毎日「熱いの？熱いの？」と質問をしてきます。「そうだよ、これはあちちだから触らないでね。〝フクロウさん、おはよう〟だけにしてね」と言うと、子どもたちの中にも、これは熱いから触ってはいけないものという認識が伝わっていきます。

それでもやっぱり虫刺されを完璧に防御できるわけではないので、**薄手の長袖・長ズボンの着用**をおすすめしています。

蚊に刺されたときは、「かゆいの、かゆいの、飛んでけしようね」と言って、水で冷やしてかゆみを抑えることもあります。かゆみを抑えることも含めて体を冷やしたいときに保冷剤も使っていますが、色とりどりの布でポケットのような袋を作り、それに入れて冷蔵庫で冷やしておいています。「冷たいのください」と子どもたちがもらいにくるので、それを渡すと自分で冷やしたりしています。

かゆみ止めも、手作りをしています。庭のあちこちにあるドクダミの葉っぱを取ってきて、キッチンペーパーできれいに汚れを拭き取って、それをちぎって消毒用エタノールにつけておくと、2〜3日するとエキスが出てきて、それには殺菌作用があるようなんですね。その液を小さな容器に入れて持ち歩いて、蚊に刺されたら塗るようにしています。やはりこれも使う前には皮膚にちょっとつけて、刺激が大丈夫かどうかを確認してから使っています。

日焼け（紫外線対策）も配慮が必要なひとつです。

日焼け止めの扱いについては、虫よけと同じ理由で管理が難しいため、家庭から個々にお預かりはしていません。

虫刺され対策と同じように薄手の長袖・長ズボンの着用をおすすめしていて、必ずタンスに入れておいていただくようにしています。あとは帽子の使用ですね。帽子は嫌がる子もいるのですが、「頭は大事だからね」というのを、くり返しくり返し伝えていく中で、習慣になっていきます。

登降園時にベビーカーに乗っている赤ちゃんは、正面から足や顔に日が差していることもあります。これはかなり紫外線を浴びていることになりますから、薄手の夏用のタオルなどをさらっとかけるということを、日焼け、紫外線対策としておすすめしています。

沐浴

次に、沐浴について事前に質問をいただいていましたので、整理してみたいと思います。沐浴はおなかがすいてると気持ちがよくありませんし、おなかがいっぱいのときにお風呂に入ったりすると、圧迫されて気持ち悪くなったりもします。空腹時は避けて、食後・授乳後は避けて、眠いときは避けると考えていくと、赤ちゃんの生活の中で必然的にそれぞれの沐浴のタイミングが決まってきますね。0・1・2歳児は基本的に一人ひとりの生活のリズムが違うので、それと同じように一人ひとり、沐浴のタイミングは異なってくるのです。

気持ちよく衛生的に入るために、ひとり入ったらバスタブを洗って次の準備をするようにします。できるだけ保育者の動線が少ないように、沐浴の前に着替え・タオルを準備しましょう。保護者には、沐浴が始まる前の6月ごろから、タオルと着替えをセットにしてタンスの中に入れておいていただくんですね。そうすることで子どもたちを待たせたり、保育者の目が離れる時間が少なくなることを伝えて、協力をお願いしています。

沐浴にお湯を入れる際、最初に出てくる水が冷たかったり、急に温度が変わったりすることもありますので、バスタブにお湯をため、必ず温度を測ってから入れています。

基本的には、石けんは使いません。夏場はシャワーを浴びることも多くなり、そのたびに石けんを使っていると、子どもの皮膚は乾燥してしまいます。石けんは1日1回使えば十分、と皮膚科の先生もおっしゃっていましたので、ナースリールームでもそのようにしています。

保育者にとっては沐浴はとても大変なのですが、その慌ただしさが伝わってしまうと、子どもたちにとっては嫌な時間になってしまうこともあります。落ち着いて安定して入れるよう1対1で行い、子どもたちにとって心地いい時間となるようなかかわりを心がけています。

安定して立てるようになったら、バスタブではなくてシャワーパンでもいいと思います。ただ、シャワー室は薄暗かったりすることもあり、子どもが嫌がるようであれば無理をしないで、子どもの様子を見ながら気持ちよく汗が流せる方法を考えていくといいでしょう。**沐浴やシャワーをする時間帯は、どうしても保育者の目が手薄になりやすいため、保育者間の連携がとても大事になります。**保育者の動線や、だれが保育室の子どもたちを見ているかなど、保育者同士で声をかけ合って大きなけがや事故につながらないように配慮していくことも、夏の過ごし方の大事なポイントといえます。

家庭と共有すべき注意点

そのほかに保育園で、また家庭でも共有していきたい夏の注意点についてです。

水で遊ぶことも多いので水の事故には注意が必要ですね。子どもは頭が重いので、たらいなどの外にいても前にかがんで足が浮いてしまえば、あっという間に顔が水に浸かってしまいます。子どもは、そういうときには顔を上げればいいということに結びつきませんし、自分の体を起こすだけの腹筋・背筋が育っていない場合もあります。足が届かないところや深いところに限らず子どもは溺れてしまうことがありますから、「子どもは頭が重い」ということを前提に見ていく必要があります。また、水のあるところは滑りやすく、滑ったときに、まだ自分の体を緊張させるだけの腹筋がありませんので、転ぶと多くの場合、後頭部を打ちます。できるだけ滑りやすいところを作らない、歩かせないことも、配慮したいところです。

日焼けは、日焼けですめばいいのですが、ひどくなるとやけどになる可能性もあります。ちょっと時期はずれますが、5月や9月、10月に上のお子さんの運動会に連れていって日焼けをして、その後発熱してしまうお子さんも少なくないんですね。これは日焼けがやけどに近いものになっているのではないかと思います。赤くなっただけではすまないのがこの時期です。また、太陽の日差しだけではなく、プールでの水の照り返し、海に行ったときの砂浜の照り返しなども含めて、紫外線には、十分注意が必要です。

◇◇◇◇◇

保育者のまなざしのもとで、夏を楽しく過ごす

◇◇◇◇◇

ここからは、エピソードを交えながら、夏ってこんなに楽しいこともあるんだよ、というところを紹介していきます。

まず、夏といえばやっぱり水ですね。特に最近の夏は暑いので、体が冷える心配も少なく水遊びができると思います。

エピソード１

〈じっくりと水と向き合う〉

ある子どもは1歳2か月のころ、人が集まっていたり、にぎやかだったり、盛り上がっていたりするところが得意ではなかったので、みんなが水遊びを終えてから、保育者が片づけている横で水遊びをしていました。そうすることで静かにじっくりと水と向き合って遊ぶことができていたんですね。

こういうとき保育者は、遊んでいるから放っておくのではなく、子どもが何に夢中になっているのか、何に心が動いているかをそばで見守っていて、子どもが振り返って保育者を見たときに「そうだね、気持ちいいね」「おもしろいね」というふうに、きちんとその思いに応えていくことが大切です。感じたもの、自分の心のときめきみたいなものを一緒に感じてくれている人がいるということが、子どもにとっては安心だったり、信頼だったり、

人に伝える喜びにもつながっていきます。

エピソード2

〈はじめての体験〉

7か月から8か月の赤ちゃんが、食事のときに使っているベビーチェアをテラスに出して、大きい子たちの水遊びを見ていました（右の写真）。すごく興味がありそうでお風呂も大好きな子だったので、ちょっとずつちょっとずつ水を弾かせて近づけていったら、とても素敵な表情をしていました。これはこのとき、この時期にしか得られない感覚です。こんな瞬間を大切にしていきたいですね。

エピソード3

〈水遊びの経験を重ねて……〉

赤ちゃんのときから水が大好きだった子どもがいました。本当にこの子は卒園まで通して水でたくさん遊んだので記録もたくさんあるんですけれども、1歳6〜7か月のころには、自分の大好きな水を効率よくペットボトルに入れようと真剣に向き合い、その水をたらいにこぼしていくということをくり返しやっていました。

ペットボトルの水は、斜めにすると早く落ち、まっすぐに逆さまにしてしまうとなかなか落ちないんですよね。あるとき、友だちが同じようにやってみてなかなか水が落ちないのを見て、この子が手で斜めにしてあげていました。してもらった子はまっすぐにしたいので戻してしまうんですけれども、またすぐに、この子がキュっと斜めにするんですね。その様子を見ていて、この子はどうやったら水が早く落ちるかということを経験の中から学んでいるんだと、私たちも知ることができました。

左の写真は、その子の1年後、2歳半ぐらいのときです。これ、ただ気持ちがいいなって見ているのではなくて、視線の先に虹が見えているんです。とことん水で遊んでいるので、偶然というよりは、お日さまの加減などでこういうふうに水を飛ばすと虹が見えるということをこの子は知っていて、ちゃんと意図的に虹が見えるように水を飛ばしているんですね。好きなことに自分から徹底的に向き合っていくことは、子どものこうした発見や気づきを得る機会になっていくのだろうと思います。

〈水のトンネル〉

お庭で2歳児が水道の蛇口を上に向けて、ダイナミックに遊んでいました。水を壁に当てているんですけれども、壁に当たる音とか、壁に当たって弾ける様子とか、そういうも

のを感じています。

子どもたちがトンネルのように水の下をくぐるんですけれども、水にかかりたい場合は、ちゃんとこのトンネルを小さくするんですね。逆に水にかかりたくない場合は大きくする。小さい子たちが来たときには、小さい子たちにかからないようにトンネルを大きくしています。ダイナミックに遊んでいるように見えるこの水遊びの中にも、調整する力、加減する力、子どもたちの人に対する思いやりだったりなど、そんなことも含まれているということが見えてきます。

エピソード5

〈大きなスイカ!〉

ナースリールームでは、年に1回、夏に大きなスイカを食べる機会を設けています。

いまは家族の人数も少なくなっていますので、家庭では小玉スイカやカットしてあるスイカを買ってくることが多いと思うんですけれども、子どもたちに大好きなスイカを感じる、味わう機会があるといいなと思い、出入りしている八百屋さんに、手に入る中で一番大きいスイカをお願いしますと頼んで、届けてもらっています。

「大きなスイカを、丸ごと食べようね」なんていう話をしているので、大きなスイカを前に、

皮ごと食らいついてみる子どももいます。

このスイカは、いつもと同じように給食の食材が搬入されるところに届けてもらってい て、2歳児がそれを取りに行きます。大きなスイカを園庭までどうやって持っていこうか というところから話し合って工夫して、みんなで大きなスイカを食べることを2歳児が先 導していきます。箱に入れてひもで引っ張るときもあるし、何とか担いで持ってこようと するときもあるし、布を使おうとするときもあります。スイカを運ぶというところから、 子どもたちの楽しい発想が始まっています。

給食で出るスイカは食べないけれども、ここで一緒に切った大きなスイカは食べてみた いという子どもたちもいます。食べる、食べないはどちらでもいいんですけれども、重さ や大きさ、冷たさ、色、種の並び方、そういうものを見たり、感じたりすることが大事な 経験になります。子どもたちは食べられるところは全部きれいに食べていて、スイカも幸 せだなと思いますね。

最後に、「熱中症などの心配があって外で遊べない時期に、室内でどんな遊びができま すか」という質問をいただいています。そんなに長い時間でなければ、直射日光や水分補

給などに配慮しながら、外の日陰を利用して遊ぶという時間も大事にしてあげたいと思いますが、室内でも決して遊べないわけではないですね。

水が入っていないプールに入って遊んだり、水のかわりにボールやちぎった新聞紙を入れるなどの工夫でも十分楽しく遊べます。小さなビニール袋に冷たい水を入れてプールの中にポタンと置いておくと、それで遊んでいるうちにちょっと弾けたりして、水に触れる機会もあったりします。いろいろ工夫しながら、室内でも、夏ならではの水に触れられる遊びができるといいですね。

また、部屋をアスレチックのようにアレンジしていくと子どもたちがいろいろに動いて楽しめます。私たちはよくベビーベッドを動かして、細い道や段差、トンネルを作って、くぐったり登ったりできるようにして遊んでいます。

先ほどもお話ししましたように、0・1・2歳児の夏は頑張って元気に遊ぶというものではなく、暑さと上手につきあっていくこと、無理をしないことが大切です。子どもたちの体の特徴をよく理解して、気持ちよく楽しく過ごせるような工夫をしていただけたらと思います。

大人も子どもも、夏の疲れは涼しくなったときに出てきます。体力が落ち、免疫力が落ちて体調を崩してしまったり、とびひなども免疫力が落ちる9月のほうが多いそうです。子どもはもちろん、大人も無理は禁物ですね。

では、今日のお話は以上になります。ありがとうございました。

第三講のポイントまとめ

- [ ] 0・1・2歳の子どもたちにとって大切なのは、暑さを少しずつ経験しながら上手に暑さをしのいで無理なく過ごすということ。

- [ ] この時期の子どもの体の特徴を理解しておくことが、夏の暑さから命を守る必須条件。それぞれの体温（平熱と体温調節のタイプ）に加え、表情や機嫌、食欲、皮膚の状態、便の状態、水分補給の様子も加味して、子どもの体調を判断していく。

- [ ] 水の事故、日焼け、虫刺され、脱水など夏に注意したいことは、保護者（家庭）ともしっかりと共有する。

第四講

戸外で過ごす魅力

～五感を使う・
視野が広がる～

みなさん、こんばんは。9月に入りました。随分朝が涼しくなってきて、これから外で過ごすのが気持ちのいい季節になっていきますね。今回は「戸外で過ごす」というテーマについて、保育の様子もお伝えしながら考えていきます。

ちょうど今日、2歳8か月になった子どもと、帰りが一緒になったんですね。その子のお迎えは、お父さんだったり、お母さんだったり、ファミリーサポートの人のお迎えだったりするんですけれども、その子はファミリーサポートの人のお迎えをすごく楽しみにしていて、今日がその日だったんです。

その子はいま毎日、長さが30センチぐらいのおもちゃのゴミ収集車を持ってきていて、保育中は下駄箱の駐車場に入れているのですが、ファミリーサポートの人がお迎えの日は、

それを雑巾がけするみたいに、ナースリールームの前の道路をガガガと押して帰ります。お父さんのお迎えは車だし、お母さんのお迎えは自転車なのでそれをすることはなかなかできないんですけど、ファミリーサポートの人のときは歩きなので、ゆっくりおつきあいしてもらえるんですね。

その子は地面から30センチぐらいのところから世界を見て、ゴミ収集車の役割を果たしている気分で、落ちている葉っぱやゴミをゴミ収集車に詰め込んでいきます。それをゆったりと時間をかけて見守ってくれる人がいるのはいいなと思って、今日も気持ちが温かくなりましたし、またひとつ、大事なものを教えてもらったなという気がしました。

子どもたちと大人の見る世界とは全然違うということが、今日のテーマにとても近いと思いながら帰ってきたところです。では本題に入りたいと思います。

広い視野と解放感、配慮が完璧にできない場にある「魅力」

みなさんも経験していると思うんですけれども、子どもの不快感が強かったり、嫌なことがあって気持ちが収まらなかったり、涙が止まらなかったりするときに、ちょっと窓の外を見たり、ちょっと抱っこで外に出たりすることで、子どもの気持ちがふっと落ち着くことがあります。

室内だと人に関心がいきがちだったり、ざわざわした音が気になったり、不安なほうに気持ちがいきがちなんですけれども、広い空間に出ると、それ以外のものに関心がいって気持ちが解放されます。ちょっとした空気の変化が子どもたちの気分を変えて、不快感とは逆の、すごく気持ちいい解放感的なものを感じられるのが外の風景、外の魅力なのだと思います。

戸外の魅力

戸外には、子どもたちの五感を刺激するさまざまなことがあります。視界にはいろいろな景色が入ってくるし、耳から入ってくるさまざまな音もあります。肌で感じる空気だったり、風や日差し、そういったものも子どもたちの五感を刺激します。

花の香りがしたり、雨上がり特有のにおいを感じたりということもあります。大人は経験をくり返しているのでやりすごしてしまうことがありますが、この時期の子どもたちは生活経験が浅いので、そういった刺激がとても新鮮に感じるのでしょう。

人間が発達していく中で失っていくものは何なのかなと考えたとき、その最たるものは

「感覚」かもしれないですよね。一見何もしてないように見えても、子どもたちは自分の感覚を使うことに、すごく忙しい時間を過ごしているのだろうと思います。

室内では、できるだけ「危ないよ」とか「ダメだよ」と止めなくてもいいように、その子どもたちの個性や発達、月齢に合った環境を用意していますが、それが十分に行き届かない、完璧にできないのが戸外であり、それがまた戸外の魅力でもあります。保育者にとっては室内以上に配慮が必要で緊張する場面もありますが、そのぶん子どもたちにとっては魅力的でおもしろいことがたくさんあります。

リスクの確認

そうはいっても、やっぱり大きなけがや事故につながってはいけないので、保育者としては子どもの過ごす場所でどんなリスクが起こるか、ということについて、できる限り見通しをもって、どういう対策を取っていくかを考えておくことが大切です。それは子どもの遊びや成長にも大きく関係してきます。

戸外の公園や原っぱなど、散歩などではじめて行く場所では、出入り口がどことどこにあるのか、どんなところに段差があるのか、どこに遊具があって、その遊具がどんな動きをするのかというようなことを事前に確認して、できるだけ見通せるリスクを頭に入れておく必要があります。

「それをやってはいけない」というのではなくて、そこに子どもがいったときにどんな配慮をすればいいか、どういうことを保育者間で共有しておけば子どもを守れるかということを考えておくといいでしょう。

また、実習生や慣れていない入りたての保育者などが一緒に行くときに、そのことをどうやって説明をしていくかによってもリスクが変わってきます。子どもがいないときに一緒に散歩に出て、ここは階段があるんだよ、触らないほうがいい葉っぱがあるんだよなどと確認、共有しておくことが大切です。

保育者にとっての魅力

さて、子どもにとって、魅力的なことが多い戸外ですが、では保育者にとってはどんな魅力があるのでしょうか。いろいろあると思いますが、次の3つに絞ってお話ししていきます。

ひとつは、「子どもの気持ちがのびのびする」ということです。

室内の限られた空間の中で過ごしていると、どうしても人に関心が集まってしまったり、友だちと同じものに興味が移ってしまったり、ということがあるのですが、外では子どもの視線があちこちに散り、興味の対象が広がることで子どもたちがぶつかり合うことなく、のびのびと遊べます。

保育者は、どうしても泣いていたり、トラブルがあったりすると、そこにかかわっていくわけですけれども、機嫌がよい子が増えるとそういうことが減ってきて、子どもたちの遊びに十分にかかわることができます。

戸外でのかかわり

ふたつ目は、戸外には、砂場の砂、虫、草花、水、そして室内とは違った遊具など、「子どもの興味・関心を刺激するさまざまなものがある」ということです。好奇心を刺激するたくさんのものがあるため、子どもたちが自分からどんどん遊びを見つけていくというのも、戸外の大きな魅力です。

ただ、子どもたちが機嫌よく遊んでいると、保育者は保育をした気持ちになってしまい、危なくないように見ているだけだったりすることがあるのではないでしょうか。でも、保育者の役割というのは、そこにきちんと意図をもってかかわっていくということです。

保育者がどんなふうにかかわると子ども同士がかかわれるのか、どんなふうにかかわると子どもが遊びを発展させていくのか。ときには大人がかかわらないでそっと様子を見ているなど、あえてかかわらないこともあると思いますが、子どもが外の刺激で遊んでいることに甘んじて、ただ見ているだけになってはいけないというのは、保育をするものとして気をつけたいところです。

一人ひとりの個性の発見

3つ目は、「子どものさまざまな面を発見できるおもしろさ」が、戸外にはたくさんあふれているということです。

戸外ではいろいろな刺激がある中で、それぞれの子どもがどんなものに興味を持つのか、どんなふうに感じているのか、出会ったものに対してどうかかわるのかというところに、子ども一人ひとりの個性が感じられます。

同じものであっても触れ方が違ったりします。直接触る子もいればスプーンやお玉を持ってきて触る子もいます。行動範囲がとても広い子もいれば、ちょっとした変化を敏感に感じ取り、立ち止まって考える子もいたりします。

その子どもの個性が見えてくることで、そのほかの場面でのかかわりにも生かしていけるということがあるのではないかと思います。

エピソード1

五感を使い、実体験を通して「感じる」

0・1・2歳の子どもにとって、やはり「実体験」というのがすごく大事になってきます。実際の経験を通して、子どもがいろんなものを感じる、考える、受け止めていくということが大事で、戸外にはその「感じる」を経験できることがあふれています。

この時期の子どもたちは成長が著しく、数か月前、1年前の自分とは全然違うんですよね。どんどんどんどん遊びやかかわり方が変わってくる中では、毎日がはじめての経験の連続といっても過言ではありません。そのはじめての経験を、この子にとってどのように積み重ねていくのか、それをどういう経験につなげていくのかというのは、そばにいる保育者にかかってくるのだろうと思います。

たとえば、芝生の感覚が大丈夫な子どももいれば、あまり好きではない子どももいます。9か月のある0歳児は、芝生の上で力強く手のひらをついて、どんどんはいはいをしていました。そのはいはいの途中でお花に気がついたんですね。季節外れのシロツメクサの花が咲いていたのですが、その花を見つけた途端にスピードが緩やかになって、すっと力の加減をして、指先を使ってそっとお花に触れて見ていました。

1歳とか、まだ1歳に満たない子どもたちも、見て、自分で感じて、考えて、そして自分の行動を決めているというのが伝わってきます。

子どもたちの中でそんなことが起こっていると思わないと、ひょいと抱き上げてしまったり、「バッチイバッチイ」などと言ってそっと動かしてしまいがちです。でも、大人にそれをされると、この時期の子どもたちが、いま感じたり考えたりしていたことは、ひとたまりもなくぷちっと切られてしまいます。そういうことがあってはならないですね。

子どものことを学んだ保育者だからこそ、この瞬間、その時間を大事に守っていけるのだと思います。また、そのことを保護者にも伝えることで、「子どもがいま何を感じているのかな」「何を考えているのかな」などと、保護者自身も子どもを尊重するということにつながっていくのではないかと思います。

エピソード2

春、2月生まれの2歳児が、はじめて自分の足で大地を踏みしめて、桜吹雪を受け止めていました。空からパラパラと落ちてくる花びらが、風が吹くと一気に舞い散る様子にも

夢中になっていました。春は、大人も桜を楽しみにする季節ですが、大人の楽しみ方は去年と今年とではさほど変わらないんじゃないかと思います。でも、成長の著しい子どもたちの感じ方は去年と今年では全然違うんですね。自分の体の動きも感じ方も、表現も違ってきます。ですから、この日がはじめて、この子が自分の体を通して桜が散るのを感じることができた瞬間だったのだと思います。

雨を感じて遊ぶ

雨は、子どもたちにとってとても魅力的なもののようです。

ナースリールームでは寒い日は別として、雨が降っても体調に響かないようであれば、レインコートを着て雨の中で遊んだり、雨を感じられるような遊びを取り入れたりしています。

雨が降っている中でただ遊ぶのではなくて、傘を差したり、透明のビニールシートを張ってテントみたいにしたりして、その下で上から落ちてくる雨を見たり、雨の音を聞いたり、しずくを集めて触れてみたりするなど、そんな遊びもしています。

以前、急にザーっと雨が降ってきて、外で遊んでいたとき2歳児たちは「濡れちゃうね」

と言ってお部屋に入っていったんですけれども、1歳児の子どもたちは「雨だ!!」と言って外へ飛び出していったんですね。雨には濡れないほうがいいんだという経験を積み重ねた2歳児は部屋に入り、雨そのものに興味を持った1歳児は外に飛び出していく。そうであればこの1歳児も、来年は雨の中に飛び出さないかもしれないなと思うと、飛び出していったその瞬間を「雨だね」と言って一緒に楽しめるといいなと感じました。

風を感じて遊ぶ

風も、ただ体で感じるといぅのもありますが、荷造り用のテープや布を持っていると、風でなびく様子を体でも感じ、目で見て感じることもできます。強い風が吹いたときに荷造り用のテープを枝と枝に張り巡らせておくと、ぶぉーんとかぶぶっとか、風の音を聞くこともできますね。

どう五感に響くような工夫ができるかなというのを考えてみると、風ひとつとっても雨ひとつとっても、いろんな楽しみ方や感じ方ができるのではないかなと思います。

落ち葉で遊ぶ

秋は、落ち葉のいろいろな色の違いを感じたり、音を聞いたり、感触に触れたり、落ち葉のお風呂に入って埋もれてみたり、と、いろんな楽しみ方をしています。

大学構内の落ち葉がいっぱいある場所で、11か月の子どもがはいはいをしていました。この子の表情からわくわくした感じが伝わってきたので、その感じていることを大事にしてそのまま見守っていました。子どもの距離だとすごく地面にも近いので、葉のいろいろな色が視界にも入ってきますし、落ち葉がすれる音も入ってきますし、土のにおいなども感じていたのではないかと思います。

もちろん、みんながみんなダイナミックに自然を感じて遊ばなければならないというわけではありません。この感覚が嫌な子もいるので一人ひとりの個性でかかわりは変えていく必要があります。

東京ではなかなか雪が降らないので、雪が降ったときは子どもたちがすごくワクワクします。大人にとっては雪ってすごく大変なのですが、どうせ積もるならちゃんと積もってほしいなとか、昼間に降ってほしいなとか、子どもたちと楽しむことも並行して考えられるところでは、保育ってなかなかいい仕事だなといつも思っています。保護者の方は送迎や出勤で大変な思いをされているので、そのことに共感しながらも「このチャンスは逃すまい」と、子どもたちと思いっきり雪で遊ぶ機会を大切にしています。

日々の遊び、仲間との遊びがつながる「園庭」

かつて園庭があるのが当たり前で、園庭がない保育園なんて考えられなかったのですが、いまは園庭がなくても認められる中で、厳しい保育を強いられている園もたくさんあると思います。

園に園庭があるって、本当はとても大事なことなんですよね。ですから園庭がある園は、あるのが当たり前ではなくて、きちんと考えて意味のあるものにしていくことが大事だと思います。

園庭は、発達の異なる子どもたちが使う場所として、保育者の連携が重要になります。植物、畑、遊びなどはクラスを超えたかかわりがありますね。そのかかわりを意味のあるものにしていくためにも、保育者間の意識の共有は欠かせません。

また、いろんな年齢の子どもたちが使う中では場所の取り合いなどが起こるかもしれませんが、園庭がルールで縛られる場所であってはいけないと思います。

エピソード3

私自身、いくつかの園を経験してきた中で、これは残念だなという場面に出合ったことがありました。

4歳の子たちが育てていたミニトマトを、2歳の子が青い実のときに取ってしまったんです。それを見ていた先生は、「この青いの、取っちゃダメなんだよ」「お兄ちゃん、お姉ちゃんたちに怒られちゃうんだからね」と、2歳の子に話をしていたんですね。

私は、それは違うかなと思いました。そこで2歳の子には、「お兄ちゃん、お姉ちゃんたちが大事に育てていたトマトだったからお話ししに行こうね」と言って、4歳の子たちには、「とてもおいしそうだから、取っちゃったんだけど、おいしく食べられる前だったね、ごめんね」と謝りに行ったんですね。

すると、4歳の子たちは小さい子に寄り添って、「大丈夫だよ。でもね、赤くなったらおいしく食べられるから、赤くなるまでは取らないでね」って教えてくれたんです。それを聞いて2歳の子はちょっと安心したような顔をして、「うん」と言っていました。

2歳の子どもにとって、青い実を取ってしまったことはいいことじゃなかったかもしれませんが、**青い実を取らなかったら、4歳の子たちからこんな話を聞くことも、こんな温かい気持ちを受け取ることもなかった**と思うんですね。学年を超えて保育者が子どもの育ちについての考えを共有していれば、子どもたちにとって違った経験に結びつけていけるのではないかと感じた出来事でした。

子どもたちにとって園庭は、公園よりも配慮された場所です。室内に比べると危ないところは多いかもしれませんが、場所も、道具も使い慣れていきますから、園庭の遊びは子どもたちにとって継続性があり、積み重なっていく要素がたくさんあります。

ナースリールームの園庭には、特に固定遊具はなく、大きな砂場とベンチとテーブル、あとは組み立て式のシーソーがあります。

行き止まりがなく、ぐるぐるぐるぐる走り回れるようになっていて、砂場でじっくり遊びたい子も、走り回りたい子も、両方邪魔しあわないように工夫されています。

ちょっとしたスロープがあって、子どもたちにとっては高い目線からの風景がまた違って見えます。小さなスロープですが、歩き始めた子どもたちにとっては結構な坂道で、上るところから始まって、下りるときはおしりをついたり、用心してゆっくり下りてきたり、だれかが手をつないでくれたりと、体をいろいろに使いながら遊べる場所になっています。

また、季節の花や、季節を感じられる実、サクランボ、ユスラウメ、モミジイチゴ、桑の実、ブドウ、柿、ミカンなどがあります。子どもたちの動きや成長に合わせ、こんな経験をしてもらいたいなという意図が込められた園庭になっています。

園庭の砂場

園庭の魅力のひとつが砂場です。どうしても公園の砂場だと、衛生面が安心できなかったり、いろいろな人がいますのでトラブルなどが起こることもあったりして、保育園の砂場で遊ぶのとはまた違います。先ほどもお話ししたように園庭での遊びというのは、場所にも道具にも慣れていますし、仲間関係もできてきているので遊びがつながっていきます。公園で出会った人たち同士では、保育園のように遊びが発展していくというのは難しいと思います。

クラスで一斉に動くのではなく、個々のタイミングを尊重して遊んでいると、園庭がすいている、人が少ない時間帯もあるだろうと思います。そういった時間、すき間みたいなものを利用することで、個々の遊びが広がっていく瞬間が生まれやすくなりますし、それができるのも、公園などにはない園庭ならではの魅力です。

植物との出会い

園庭や散歩などでは、さまざまな植物とかかわると思いますが、摘んでもいい花、触ってもいい花、逆に触ってはいけない、摘んではいけない花があったりします。それを知る

ことも、ひとつのとても大事な経験になりますね。「これはダメ」で「これはいいよ」ではなくて、なぜいいのか、なぜダメなのかを伝えていくことで、やがてはいいか悪いかだけではなくて、子どもたちがきちんと自分で考えて判断する糧（かて）になっていくのではないかなと思います。

虫との出会い

いろんな虫と出会うというのも、戸外のひとつの魅力です。小さな虫との出会いは、じつは都会でもいろんなところにあふれています。私自身、虫はそんなに得意ではなかったですし、いまでもまだ知らないことが山ほどあります。でも保育者になって何年目かのときに虫が大好きなお父さんと出会って、そのお父さんから、「先生、自分が無知であることを知ってくださいね。知らないから怖い、知らないから遠ざけるんです。身近にいる虫で怖いものっていうのはそんなにないんだから、まず知ってください」と言われたんですね。そのときに本当にその通りだなと思いました。

近くにこんなに素敵なお父さんがいるんだから私も少し近づきたいなと、そこからは知っていくことで、それまでは「蝶々」「虫」としていたのが、「あ、ツマグロヒョウモン（蝶々）の幼虫だな」とか、そういうことが結びつくようになりました。そうすると、見方も違うし距離感も違ってきました。そういう意味では本当に大事なことを教わったなと思いますし、そんな出会いや発見が日常にはあふれているなと思いました。

感覚が刺激される「散歩」

散歩は、子どもたちにとって、すごく魅力的なのだと思います。いつもと違う刺激があったり、いつもと異なる遊具で遊べたり、いろいろなものとの出会いがあります。

保育者としては、道中の危険や子どものとっさの動きに対する配慮だったり、また、世の中は子どもに対してやさしいまなざしばかりがあふれている時代ではないので、子どもに対する周囲の理解というところでも、配慮がたくさん必要になります。

この時期の子どもたちは、ただただ歩くこと、興味の赴くままに自由に行きたいところへ行けることを心から楽しんでいるように感じます。ですから、広い場所へ出かけることで、のびのびと歩いたり、探索したりする経験が保障できるような散歩をしていきたいと思っています。

また、散歩に行くと、いろいろな場所があります。

声が響く場所、小さなすき間があってちょっと中がのぞけたりするところ、一本橋のように歩けるようなところなど、子どもたちにとって魅力的な場所があり、またその魅力的な場所を見つけるのが、子どもたちはすごく上手なんですね。

こんな場所でこんな遊びができるんだとか、こんな場所でこんな気づきがあるのかというのが、予定にはない、整えられた環境の中にはない魅力だったりします。

散歩のときに気になるのが、棒や枝を拾うことではないでしょうか。

写真の子（次ページ）は、枝をお箸として使おうとしているんですね。大人には無駄に見えるかもしれないのですが、子どもたちにとって大人からしたら絶対やらないことの中に試行錯誤だったり、手の力の入れ具合だったり、いろいろな工夫がされているんですね。そして、そういうことをしている時間がすごく大事だなと思います。

昔、私が就職したばかりのころに保育者の間で「なんで子どもは、棒とか枝が好きなんですかね」という話題になったことがありました。きっと人類はそういう道具を使うことで発達してきたのでしょう。自分の手では届かない高いところのものが取れたり、間接的にものに触れたり、いろんなものに見立てたり、ものを作る道具になったりと、子どもに

とってはとても魅力があるモノのように感じます。

もちろん、周囲の人を傷つけるのではないか、また自分を傷つけるのではないかというような不安が常にありますが、そのことを伝えていくことで、使っていい場面と使わないほうがいい場面というものが、きちんと判断できるようになっていくのだと思います。

エピソード4

最後は、私にとって本当に衝撃的だったエピソードです。

この日は、1歳児と月齢の高い0歳児9人で散歩に行きました。保育者がふたりついていて、そのうちひとりの保育者がまだ慣れていなかったので、遠巻きにサポートしてほしいということで、私がフリーの立場でついていきました。

1歳11か月のある子どもが、落ち葉の上をもくもくと歩いていました。落ち葉の上を歩くのがはじめての経験だったんですね。

11時ごろになり、ほかの子どもたちはおなかがすいてきたので、ナースリールームに帰ることになりました。でも、担任の保育者はもくもくと歩いているその子の様子を見て、とても止められないと感じ、「この人はこのまま残していきたいのでお願いします」と、その日フリーで入っていた私が残ることになりました。

もくもくと歩いている途中でこの子は石を1個見つけ、その石を大事に「ちっちゃい」と言って持っていたんですね。次にもう1個を見つけて、また「ちっちゃい」と言って持ったんです。

でも最初に拾った石と比べてみて〝はっ〟と気づき、驚いたように「おおきい」と言いました。さらにもうひとつ石を拾い、最初に拾った石と比べて「ちっちゃい」と言ってニコッと微笑みました。

この子は3つの石を拾ったときに、小さいと思っていた石が、比べるものや見方によっては決して小さいものではないんだと、それは大きいものにもなるんだということに気がついたんですね。

そのことにこの子が気づいた瞬間、私は哲学的な何かを発見をしたんだなと思って、ちょっとブルブルっと身震いしました。

その子どもの発見や経験を支えたものはなんなのかというと、担任の先生が、もくもくと歩いているこの子を止められない、尊重したいと思ったことだと思うんですね。そして、そのことを保育者間で共通理解していたことから生まれたことなのだと感じます。

子どもが立ち止まるのには理由がある

子どもが立ち止まったときに、どうやって前に進ませようかなとか、どうやって切り替えさせようかなということを、まず考えてしまうんですけれども、子どもが立ち止まるときには、必ず子どもの気持ちをそこにとどめた何か、気持ちが動いた何かがあるということです。その「何か」を知ることが大切です。

外遊びや室内の遊びに限らず、大人は子どもと一緒に同じ時間を過ごしているように見えて、じつは先のことを考え、いまをどうしようかと考えたりしがちです。でも、子どもは、いまその瞬間に生きているんですね。ですから、その瞬間に生きている子どもの気持ちに自分のほうの軸を合わせていく。子どもを何とかするのではなくて子どもから大人が学ぶということを常に思っていると、子どもの感じているいろいろなことが見えてくるのだろうと思います。

戸外について保育者が懸念することに、子どもの行動範囲が広がること、室内と異なる危険の配慮などのほかに、室内に戻るときのかかわりというのがありますね。

気持ちを切り替えるためには、子どもにも決心が必要なんです。だから室内に入るときの声かけは、「入らなきゃダメだよ」「入る時間だよ」とか、「だれが先に入れるかな」などといった子どもを促す言葉ではなくて、「もうそろそろお部屋に入ってごはんを食べようか」と少し前もって予告するとか、「今日はおもしろかったね、また明日もやろうね」と、**きちんと子どもに本音で共感していくことが大切です。**そのことで子どもは次につなげていけますし、次につなげていけるのが、明日の子どもたちにもかかわれる保育の現場の魅力です。

戸外では、クラスだけで完結するのは難しいこともあります。**クラスを超えて、できるだけ少人数に調整して、個々の希望に応えられるような散歩の方法を工夫したり、園庭での遊びが保障できるといいな**と思っています。

では、これで今日のお話を終わりにします。ありがとうございました。

第四講のポイントまとめ

- □ 子どもの五感を刺激するさまざまなことがある「戸外」。保育者にとっては室内以上に配慮が必要だが、その分、子どもたちにとっては魅力的でおもしろいことがたくさん！

- □ どんなリスクが起こるかということについて、できる限り見通しをもって、どういう対策をとっていくかを考えておくことが大事。

- □ 戸外では、クラスだけで完結するのは難しい。できるだけ少人数に調整して個々の希望に応えられるような散歩の方法を工夫するなど、クラスを超えて保育者同士が意識を共有・連携していく。

第五講

食べること

～食を通して育まれる人間関係と豊かな経験～

みなさん、こんばんは。あっという間に10月も後半に差しかかってきました。

先週は楽しみにしていた芋掘り遠足の日に雨が降ってしまって、泣く泣く中止にしたんです。でもお昼ごろには雨がやんで晴れ間が出てきたので、庭にござを並べて、遠足のために用意してもらったお弁当を0歳児から2歳児までみんな一緒に食べたんですね。

ずっと行事ができなかった中での久しぶりの遠足でしたから、行けなかったのはとても残念だったのですが、子どもたちは本当に楽しそうで、保護者の方たちとも「お弁当を食べられただけでも良かったですね」なんていう話をしました。いつも給食を食べている子どもたちにとってそのくらい「お弁当」って特別で、また食べることというのが、楽しいことなんだなと、改めて感じさせられました。

今日は、その「**食べること**」について一緒に考えてみたいと思います。

特別な食事

最初に、特別な日の食事について少しお話をします。

ナースリールームでは、毎年7月7日の七夕、12月のおたのしみ会（サンタさんに会う日）、2月3日の節分、3月3日のひな祭りの日には、0歳児も1歳児も2歳児も、それぞれちょっと特別なメニューをいただきます。たとえば、3月3日のひな祭りの日には、2歳児の場合、塗りのお膳にすべてのメニューがきれいに並べられていて、みんなで揃って「いただきます」をして食べます。

ナースリールームは、いつもはみんなで「いただきます」はしないんですね。家庭での生活リズムも保育時間も異なるので、おなかがすく時間にも個人差があります。1・2歳児は11時ごろから食事の支度を始めて、それぞれのタイミングでランチルームに行って食べるんです。

でも、この日だけは子どもたちは「特別な食事だから」という保育者の話に耳を傾けて、イスに座ってみんなのお膳が揃うまで待っています。いつも一人ひとりが「自分は尊重されている」と思える保育者との信頼関係があるから、こうして、保育者の話に耳を傾けられたり、待つことができたりして、この食事が成り立っているのだと思います。

特別な食事は、いつもの食事とはまた違ったあらたまった気持ちになります。その特別な気持ちを友だちと一緒に味わう経験にもつながります。

食事の前には、茶道の心得のある職員にお茶をたててもらって飲むという特別な体験もしました。お茶をたてているそのお手前をじっと見たり、決して子どもたちにはおいしいものではないかもしれないんですけれども、「おいしい」なんて言って飲んでみたり。

何か特別なことをすると、どうしてもイベント的になってしまうのですが、これは決してイベントではないんですね。日本の文化や季節を通してさまざまなことを感じたり、経験したりすることを、「食べること」でも大事にしたいということです。それは保育者も同じで、自分の得意な分野を出し合いながら、それぞれにとってよい経験になることが、日常の中にあるといいなと思っています。

おっぱい（乳汁栄養）から「食べる」ことへ

この時期の子どもたちは、おっぱいや乳汁栄養から食べることへと移行していく時期です。子どもたちの食事の様子は、どんどん変わっていきます。

子どもはただ空腹だから、飲んだり食べたりしているのではないんですね。もちろん空腹を満たすということが食事では大きな目的になるのですが、子どもは味、におい、触れた感覚や口の中に入ってくる温度、人とのかかわり、そういうことも一緒に感じ取っています。

おっぱい・ミルク

保育を開始したときから、子どもたちみんながすぐにミルクを飲めるわけではありません。食事が取れる、ミルクが飲める、水分が取れる、眠れるということが、保育時間を延ばしていくことの前提になってきますから、保育開始のころはみなさんもどうやったらミルクが飲めるかということに苦慮されていることでしょう。

保育園に入ってはじめて哺乳瓶でミルクを飲むという子もいるし、家庭で常にミルクを飲んでいる子もいます。ナースリールームでは、入室のときに保護者と話をして、哺乳瓶を使ったことがある場合はメーカーや材質の同じ乳首を用意するようにしています。保育園の生活はいろんなことがはじめてですから、変わらなくていいものがあるならば、それを尊重して、子どもが少しでも安心して過ごせるようにと思っています。

離乳食

以前、ミルクは飲むんだけれど、必ず途中で「いらない」となる子がいて、その子と出会うことで、私たちはミルクを飲まない理由のひとつに気がついたことがありました。

〝飲む〟ということは乳首もあっているし、味も大丈夫。「もしかしたら温度かな？」と思い、調理室で温め直してもらったら飲んだんですね。そしてまた冷めてくると〝いらない〟と言い、また温めると飲む、ということで、途中で2回ぐらい温め直すことで、その子が欲する量を飲むことができました。

母乳って途中で温度が下がることはないですよね。ずっと母乳を飲んできたこの子はミルクの温度が下がってきたのを感じ、「これは違う」と判断したのでしょう。

また、それぞれの子にとって心地いい、安心して飲める姿勢というのもあります。それらを含めて、子どもの感覚はとても敏感で、そして正直に表現しているのです。

離乳食が始まると、半年くらいの間で食事はどんどん進んでいきます。子どもたちにとっては、はじめての味や食感、そういうものがずっと連続してやってくるわけですね。

ナースリールームでは、原則として1回食は家庭でスタートさせてもらい、2回食になったら、そのうちの1回をナースリールームで食べて、3回食になってきたら、朝と夜は家庭で、昼と間食（おやつ）はナースリールームでというように、家庭と連携しながら進めていっています。

はじめての食材

はじめての食材も家庭で試してもらうようにしています。はじめてのひと口を食べたときに子どもがどんな表情をするか、酸っぱい顔をしたり、うれしそうな顔をしたりと、そういうやり取りも含めて、親子で育っていくことも大切です。

特にアレルギーを起こしやすい食材について、特定の28品目については食べたもののチェックリストを作り、保護者と細かくやり取りをしています。

もしなんらかの症状が出たときは、すぐに小児科にかかれるように、できればはじめての食材はご家庭で、できれば午前中に食べることをおすすめしています。

特定28品目に入っていなくても、家庭で食べたものを共有して食べられる食材を増やしていきながら、給食のメニューの食材に加えていきます。

咀嚼（そしゃく）

子どもたちにとっては、おっぱいやミルクから、だんだんと固形のものが入っていくわけですね。おっぱいやミルクを飲み込むというところから、咀嚼という動きが出てきます。また、お母さんのおっぱいや哺乳瓶の乳首以外の、スプーンを口に入れるようになります。そのことも、子どもたちにとっては大きな変化です。

「咀嚼」は、食べることの中でとても大事なんですけれども、いきなり上手になるわけでもありません。個人の発達の差もありますし、子ども自身の経験によっても違ってきます。月齢で決めたり、何回食だからこれぐらいは食べられると決めるのではなくて、一人ひとりの様子を見て進めていくことが大切です。

また、子どもは保育園だけで食事をしているわけでも、家庭だけで食事をしているわけでもありません。保育園の食事を中心に考えて家庭の食事がいいとか、悪いとか、○○してほしいというのではなくて、家庭での食事の様子を正確に把握し、この子にとってどうなんだろうということを家庭と連携しながら、個々に対応していくことが大事です。

たとえば、なかなか離乳食を作れず、市販のベビーフードを食べている家庭もあります。それは決して悪いというわけではないのですが、市販のベビーフードにはいろいろなものが混ざっていますし、いつも安定した味で、ちょっと柔らかめなんですよね。そういうものを食べている子が、献立によって食感や味などがいろいろな保育園の離乳食を食べるというのは、なかなかハードルが高いこともあります。そういう家庭の背景を分かっていることで、どうやって進めていけばいいかという配慮にもつながります。

2回食がもう少し進んで、7か月からだいたい10か月ごろの食事は、どんどん変わって進んでいきます。

味覚が広がっている時期でもあるので、ナースリールームではたとえばブロッコリーはブロッコリーの、ニンジンはニンジンの、素材そのものの味が感じられるような食事を用意しています。

子どもの食具

やがて自分でスプーンを持ちたいという時期が来ますので、そのときのために握りスプーンを出しています。はじめは持ってもスプーンとしてきちんと機能するわけではないのですが、それが自分で食べる意欲や、やがてはスプーンを使うことにつながっていきます。

大人が口に運びやすいようにおもちゃを持たせたりしてしまうと、子どもが遊びながら食べてもいいのだと勘違いしてしまうので、一緒に食事に向かうという意味でも、きちんと子どもが持てるスプーンを用意することが大切です。

子どもが自分から食べたいという様子のときは、お皿から小分けしてあげられるように、手づかみ用の小さなお皿も出しています。

そして、1歳過ぎぐらいからは幼児食になります。はじめのうちは液体のものしか口にしていなかった赤ちゃんが、あっという間にいろいろなものが食べられるようになるんですね。人生で一番食の変化が著しい時期だと思います。

だんだん慣れてきて、自分で食べたいという気持ちが強くなってきたら、自分でお茶や汁ものを飲んでみたり、小さいお皿に入れて自分でつまんで食べてみたりなどができる環境を整えていきます。カップには少しずつ、失敗してこぼしても大事に至らないような量で、子どもがくり返し経験できるということも大切です。

いろいろな経験を積んでいると、2歳、3歳になったときに自分で調節ができるようになります。手づかみ食べなどいろんなことを経験して、試してみた子のほうが、大きくなったときに、食具の扱いが上手なのではないかと感じます。

エピソード1

すごくよく食べる子がいたんですけれども、手づかみ食べが盛んになってきたときに、にっこり笑って白いごはんだけをまったく食べないというときがありました。

どうしたのかなと考えてみたのですが、白いごはんだけは手づかみするとベトベトになるので、こちらであげていたんです。もしかしたら全部自分で食べたいという気持ちがあるのかなと思い、調理室からラップを借りてきて、ちっちゃいお握りにしてみたら、上手につまんでパクパク食べたんですね。

そうか、全部自分で食べてみたかったのかと。じつは子どものほうが、「わかってもらえなくてもしょうがないですよね」と、譲ってくれているところもあるのではないかと思いました。子どもが「食べない」となったときに、食べさせる方法を考えるのではなく、「なぜ食べないんだろう」というところに、寄り添っていくことがとても大切ですね。

一生続く食事の土台を作る「食卓を囲む」ということ

「食事」を保育者や園が、どのように考えているかということは、「食卓」に表れてくるのではないかと思います。

食事って一生続いていくものですよね。0・1・2歳の子どもは、その土台を作っている時期。ですから食べることが楽しいこと、食卓が楽しい場所であるということが、とても

大切になってきます。

食事が頑張ることだったり、何かを無理をしなくてはいけないという経験になると、毎日食事がある保育園では、それがすごいピッチで積み重なっていってしまうんですよね。何を積み重ねるかというのは、食事にかかわる保育者次第といっても過言ではありません。

食事はまず、おなかがすいて食卓に向かうということが大前提になります。

朝は何時ごろに起きているのか、何時ごろごはんを食べてきているのか、そういうことも把握しておくことで、おなかがすいた状態で食卓に着けるような配慮ができます。

たとえば、朝ゆっくりと時間をかけてしっかり食べてきている子が、11時くらいの食事の時間にはまだおなかがすいていなくて、お昼ごはんをちょっと残したとしても、子どもにとってはそんなに困ったことではないはずなんですね。一方で、保育園の食事を全部食べたとしても、7時45分に起きて8時15分には保育園にいるという子どもの場合を考えてみると、その子は朝起きてからお昼の11時までずっとおなかをすかせてたことになるんですよね。「子どもにとってどうなんだろう」という見方をしたら、完食する、しないの視点が変わってくるはずです。

「ミルクをいっぱい飲んでしまったので、朝は全然食べられてません」というようなこともきちんと伝えてもらうことで、「今日は早くおなかがすくかもしれないから、早くごはんにしようね」という配慮にもつながります。**おなかのすいた状態で食卓に向かうにはどうしたらいいか、おなかのすき具合はどんな状態にあるかというのも、**保育者は知っておく必要があるということです。

食器選び

そして、やっぱり**おいしいことも大事**なんですよね。大人がそうであるように、子どもも、おいしければ「食べたい」という気持ちになります。

食器は、ナースリールームでは陶器を使っています。実習生から「なんで壊れてしまうかもしれない食器を使うんですか」という質問が結構あるんですけれども、まず、「同じメニューが陶器のお皿にのっているのと、プラスチックのお皿にのっているのとでは、どちらがおいしそうに見えますか?」と尋ねています。

また、感覚的なところでも違います。子どもたちはまだ力の加減が難しいので、プラスチックだと軽くて動きやすく、ちょっとずれたりしたときに倒れてこぼれやすいんですね。その点、**陶器の食器のほうが重さがあって、安定感がある**のです。

一方で陶器の食器は重さがあって重ねられず、保育園の規模、調理室の広さ、食器保管庫の大きさなど、いろいろな条件が重なってきますから、陶器の食器を使うことが必須だとは思っていません。ただ、小さい子の食器はプラスチック、という大人の感覚については、子どもたちの様子を見て、考え直してみるといいと思います。

「気持ちで食べる」というのも、子どもたちの中にはあります。

保育者からは食べないけれども、友だちからだったら食べるというケースが多々あります。

エピソード2

左の写真は、2歳児が0歳児にお茶を飲ませているところなんですけれども、コップの下にタオルを当てているんですよね。じつは保育者がお茶をあげるときに、顎の下からポタポタと落ちてきてしまうので、顎の下のところにタオルを当てていたんです。その様子から、この2歳児はタオルを当てて飲ませるんだということを学んで、自分なりに工夫してコップの底にタオルを当てて飲ませてあげていました。

写真からも感じられるように、実際は、食べさせてもらっている子どもも結構大変なんですよね。だから、食べさせてあげているようでいて、食べさせてもらっているほうが食

べさせてくれる人の気持ちを受け止めているということも、よくある場面ではないかと思います。

また、食事の文化によってはデザートは食事の間に入るという国もありますし、先に果物や生野菜を食べてから食事をする習慣がある家庭もあります。一概にはこうあるべきというものではありませんが、日本では、デザートは最後に食べるものという文化があります。それを時間をかけて伝えていけたらいいなと思っています。

エピソード3 デザート

私が2歳児を担当していたとき、食事の最後にデザートを食べるようになってきたころのことです。

「デザートは最後に食べるとお口がさっぱりしておいしいね」と日々子どもたちに伝えていたんですけれども、あるときに2歳児5人が全員、ごはんを食べている途中で調理室にデザートをもらいに行ったんですね。「あれ?」と思って様子を見ていたんですけれども、5人はニコニコしながら帰ってきて、デザートを棚の上にのせてそれぞれテーブルに戻り、「ちゃんと最後にデザートを食べるつもりですよ」というように、誇らしげな表情で私を見て、食事の続きを食べ始めました。

そのときに、こんな余裕もできたんだなというのと、伝えたいことは積み重ねていくことでやがて伝わっていって、自分で感じて考えて判断していく時期が来るんだなというのを実感しました。

やってはいけないと思うのは、子どもが食べたがらないものを食べさせるためにデザートを使うということです。条件つきで食べる食事ってあまりおいしくないですし、頑張らなきゃいけなかったり、しなければいけないものとなってしまうと、嫌な気持ちが大きくなってしまいます。何をしたら食べられる、何をしていないから食べられないというものにデザートがなってしまうのは、とても残念なことです。

食器の片づけ

食器を片づけることにも、子どもの好奇心を満たすことがたくさんあります。どうやったら自分の使ったお皿を全部トレイにのせられるかなとパズルのようにやってみたり、どうやってのせたらバランスよくたくさんお皿を運べるのかなと工夫したり。

片づけというと、しつけや作ってくれた人への感謝の気持ちなどと、大人の思いが先行しがちですけれども、**のせる工夫や、バランスの取り方、力の入れ具合など**、子どもにとってはまったく別の意味があったりするんですね。

普段、保育者がどんなふうに片づけているかを見て、子どもたちは興味を持つのだろうと思います。子どもと向き合っているときだけが保育ではありません。あんなふうに持っていたらかっこいいなとか、あんなことやってみたいなとか、そういうところも含めて保育者を見ているということを、自覚していることが大事です。

見直したい保育者自身の〝食への向き合い方〟

食卓を囲むという中でいくつか質問をいただいていたので、少しまとめながらお話をしていきます。

好き嫌い

やっぱり一番多いのが「好き嫌い」ですね。0・1・2歳の段階では、〝嫌い〟ということをまだ決めつける時期ではないと思います。経験が狭いため慣れていない食べものも多く、それを拒否するのは、動物的本能としては自然なことかもしれません。

この時期は好きなものを好きなだけ食べたいという時期なんですね。いまは食べたがらないものも、やがては食べられるようになるときが来るということを、長い目で見ていくことが大事です。食卓を一緒に囲む信頼できる大人がおいしそうに食べていることが何よ

り、子どものモデルになっていくと思います。

遊び食べ

遊び食べについての質問もありました。子どもが自由に安定して歩いて動けるようになるということは、好きなときに好きなところへ行けるということなんですね。落ち着いて食べられる環境、おなかがすいて食べるタイミングは大前提としても、一時期はやはり起こってくることです。

でも、叱って戻ったからといって、決して食べられるものではないので、何回か声をかけても、やはり遊びのほうに行ってしまうようであれば、「きょうのごはんは、ごちそうさまにしようね」とか、「おなかがすいたときにいっぱい食べようね」ということで、**気持ちよく終わりにしてあげる**というのも大事なことです。

「じゃあ、もう片づけちゃうからね」というのは、子どもにしてみたら脅されているように聞こえますね。どんな言葉をかけてけじめをつけるかというのは、とても大事だなと思います。

満足感について

次に満足感について。食べるペースというのは子どもによって違うんですけれども、満腹中枢が刺激されるまでにはある程度時間がかかるので、早食いだったり丸呑みだったりすると、満足感が得られなかったり、食べすぎてしまうことがあります。発達に合ったかたさ、大きさに配慮すること、あとは言葉かけをしながら、ある程度時間をかけて咀嚼して食べるということを促していくことが大事です。

発達に応じた配慮

食べることの発達の個人差は大きいので、それに応じた配慮も重要です。

数年前、ある保育園で誤飲によって亡くなるという事故がありました。その判決が下りたという報道の中で印象に残ったのが、「時間内にすべてを食べることが目標だった」というものです。それはだれが決めた時間なのか、すべてを食べるということに個人差がどれだけ考慮されていたのかと思います。**時間内にすべてを食べるということは、子どもの食事にはまったく合っていない考え方です。**

1歳2か月の子どもに、すりおろしではないリンゴを食べさせたという事故の報道もありました。奥歯のない子どもにとってリンゴをかみ砕いて飲み込める大きさにするということは発達的に無理があって、保育の専門家から見ると「危ない」と感じるのですが、決して人ごとではないですね。

これとこれを一緒にしたら食べるかもしれないと、食べるものと食べたがらないものを子どもが気づかないように口に入れたり、ちょっと気持ちがそれたとき口に入れたらうっかり食べておいしさがわかるかもしれないなど、保育者の中で「この子にとって食べられたほうがいいに違いない」という思いがどこかにあって、その思いが先行してしまうことで、これはいつ、どこでも起こり得ることなんですよね。

子どもは自ら「食べる」のであって、食べさせられるものではない、食べないには子どもなりの食べない理由があるということを必ず保育者が認識して、子どもを丁寧に見ていくということが大事です。

あるとき調理室の職員から「下膳されてくる食器を見ると、保育者の好みや食事の考え方やかかわり方がわかる」と言われて、おもしろいなと思いました。自分たちで思っている以上に、自分の食への向き合い方が子どもに影響しているということを考えると、自分は食事についてどんな考え方をしているのか、食事を通して子どもに何を伝えたいのかということを、保育者自身が考え直してみることも必要なのでしょう。

子ども自ら「食にかかわる」という経験

食材に触れる、育てる、料理を作るということで、少し実践を紹介していきます。「食育」というふうに考えると0・1・2歳ではあまり思い浮かばないかもしれませんが、イベントとか活動として考えるのではなくて、日常の中で食材に触れるという機会はじつはいろいろなところにあります。

たとえばナースリールームでは、トウモロコシの皮をむいたり、グリンピースごはんのときにグリンピースをさやから出したりしています。回を重ねていくことで、爪の使い方、指の使い方、どこに切れ込みを入れるとうまくできるかという工夫が出てきます。

またお米の袋が届くと、それを運ぶのが2歳児の役割なんですけれども、20キロのお米をいろいろ工夫しながら、友だちと助け合いながらみんなで運んでいます。いろんな運び方があることに驚かされたり、感心させられたりですが、「食べること」が与えられるものではなくて、自分の生活にかかわっているというとらえ方ができるといいなと思っています。

冬には、干し大根を私も教えてもらって子どもたちと作りました。大根を輪切りにして菜箸で穴をあけ、ひもを通して干していくんですね。子どもたちは生の大根をバリバリか

じりながら、自分たちが作って干した大根を満足げに見ていました。

寒い時期だとあっという間に縮んで、それを給食で使ってもらったりしています。こんなふうに大根の変化を見て身近に感じていくと、大根を食べないわけがないという感じになってきますね。そういう経験も、**食に興味を持つ**ことにつながっていきます。


野菜を畑で育てることも、そのひとつです。小さな畑で収穫は少しなんですが、**実際に育っていく過程を子どもたちが感じられる**ということが大切です。

野菜の栽培は保育者みんなが得意なわけではなく、私もじつはあまり知識もないし上手にできないんですけれども、得意な人や知識のある人に助けてもらって、教えてもらいながら、保育者みんなで経験を重ね、みんなが少しずつ力をつけていくことで、子どもたちとともに実りを楽しみにしています。

今年は芋掘り遠足には行けなかったのですが、ナースリールームでは畑で少しだけお芋を育てているので、子どもたちとそれを収穫しました。お芋を掘るだけでなく、お芋のつるでリースを作ったりもして遊びました。

また、卒園児のお父さんのご厚意に甘えてたき火をしていただき、焼き芋をしています。

焼き芋を楽しみにしながらたき火にするための枝を集めたり、実際に炎がたっている様子を見たり、煙を感じたりなど、子どもたちにとって貴重な経験になっています。

秋から冬にかけて、2歳児クラスでは、「作る」ということも経験しています。何かを作るには、きちんと保育者の話を聞くということが必要になりますが、この時期は、さまざまな経験の中で、保育者の話を聞きながら、みんなで活動することもできるようになってきます。その中で、子ども自身が見通しをもって、また、食べるものを作るという目的をもって臨んでいます。

また、ナースリールームでは年に一度、煮炊きの日というのがあって、その日はおこわを炊き、子どもたちとけんちん汁作りをします。子どもたちはやってもらうだけではなく、自分たちで相談をして、買いものをするところから始めます。

商店街では、お店の方が目的を理解してくれて、一人ひとりちゃんと材料を選ばせてくれるんですよね。会計も一人ひとり分けてくれて、買いものをする満足感を一人ひとりが得られるようなご協力をいただいています。

当日は、野菜をちぎったり、割いたり、包丁で切ったり、豆腐をスプーンでひと口大にすくい取ったりします。保護者は有志の参加で、それぞれの場所についてくれていますが、子どもたちは自分のお父さん、お母さんではなくても、友だちのお父さん、お母さんを信頼して一緒にニンジンを切ったり、大根を切ったりしています。

おこわのもち米を蒸す前と蒸したあとで食べ比べてみたり、けんちん汁の味見をするのも2歳児がやっています。

調理室との連携

天気がいい日には「今日は気持ちがいいから外でごはんを食べよう」と調理室の職員と連携して、給食をお弁当箱に入れてもらって庭でランチをすることもあります。

また、散歩に出かけ、そこから「お弁当の配達お願いします」と子どもたちが携帯電話で調理室に電話をかけて、調理室の職員が現場までお弁当を届けてくれることもあります。これらの活動を実践していくためには、調理室との、保育についての考え方の共有と連携が欠かせません。

食べることは「楽しいこと」なんですね。くり返しになりますが、食卓は楽しいところ、食事の時間は楽しい時間であることが、子どもたちにとってはとても大切です。

いまはさまざまな便利なものが手に入る時代になっていますが、一方で家庭での食事に難しさもあるのではないかと感じています。

「家庭でやらなきゃいけない」「家庭でやるべきこと」と考えるのではなく、こんな時代だからこそ、保育園発信で子どもの食事を豊かにしていくという役割も大きいと思っています。

食べることについてのお話、これで終わりにさせていただきます。ありがとうございました。

第五講のポイントまとめ

- □ 子どもは自ら「食べる」のであって、食べさせられるものではない。「食べない」には子どもなりの食べない理由があるということを保育者が認識しよう。

- □ 離乳食をどう進めていくかは、個人の発達の差、子ども自身の経験によっても違ってくる。家庭での食事の様子を正確に把握し、家庭と連携しながら、個々に対応していくことが大事。

- □ 一生続いていく「食事」の土台を作っている時期。食べることが楽しいこと、食卓が楽しい場所であることが、とても大切。

- □ 家庭での食事に難しさも少なくない時代だからこそ、保育園発信で子どもの食事を豊かにしていくという役割も大きい。

第六講

友だち

～寄り添う・ぶつかる・尊重する・育ち合う子どもたち～

みなさん、こんばんは。今日は「友だち」についてお話をしたいと思います。

子ども同士のかかわりは、保育の現場では何事にも代えがたいものです。そのかかわりの中で、子どもは計り知れない多くのことを学んでいます。

もちろん子ども同士のかかわりはいつも楽しいことばかりではなくて、思い通りにならないこともぶつかり合うこともあります。そのような経験の中で子どもは自分を表現することや、相手の思いに気づくこと、力の加減や人との距離感などを学んでいるように思います。

大人の目が行き届いている保育の場で、このような経験を丁寧に積み重ねることが、子どもたちがその後に人とかかわっていくための土台になっていきます。

「仲良く」とか、「やさしく」とか、大人は安易にいってしまいがちですが、感じ方、人

との距離感やかかわりは、ほかのことと同じように子どもによって個性があります。大人の物差しで決めつけるのではなくて、いまのこの子にとっての人とのかかわりではどんなことが大事なのかということについて、考えることが大切です。

子どもにとっての友だちの存在って?

0・1・2歳児という年齢だと、どうしても大人との関係性が重視されがちですが、それだけではありません。保育の現場は、きょうだいとは違った月齢の近い他児の存在が、大人では意図的に与えることのできない刺激や経験を引き出していきます。

2歳児の散歩の途中、ひとりの子が「あー、疲れた」とベンチに寝そべると、次々に子どもたちが同じように寝そべっていきました。最初に始めた子は、気持ちよさとみんなと一緒であることの楽しさだけでなく、次々にみんなが自分の真似をしてくれることで、思い描いていた以上にうれしさを感じたのだと思います。

エピソード1

仲間に認められるということは、子どもにとって大きな自信につながるのでしょう。

牛乳パックで作った台をふたつ重ねた上に、1歳児が立って誇らしげな表情をしていました(右の写真)。保育者がちょっとドキドキして声をかけようかなと思っていたその横で、2か月ほど月齢の低い子が満面の笑みで拍手を送っていました。拍手を送られたことで、台に立っている子どもはさらにうれしそうな顔をしていました。

友だちに認められてうれしい、この感覚はとても大事だと感じます。

大人に認められることや褒められることに価値を置くようになると、子どもは大人の顔色を見るようになったり、大人の評価を気にするようになってしまいます。こんなに小さくても、子どもは自分が所属する社会の中で育っているわけです。その社会の仲間から認められるということが、子どもにとって自信になり、自己肯定感につながっていくのだと思います。

エピソード2

0・1・2歳の子どもたちというと、「小さい赤ちゃん」とひとくくりにされてしまうことが多いかもしれませんが、ちょっとした月齢の違いでも成長の違いが見られます。

ある日、5か月の子の鼻水を、1歳4か月の子どもが取ってあげている姿がありました。

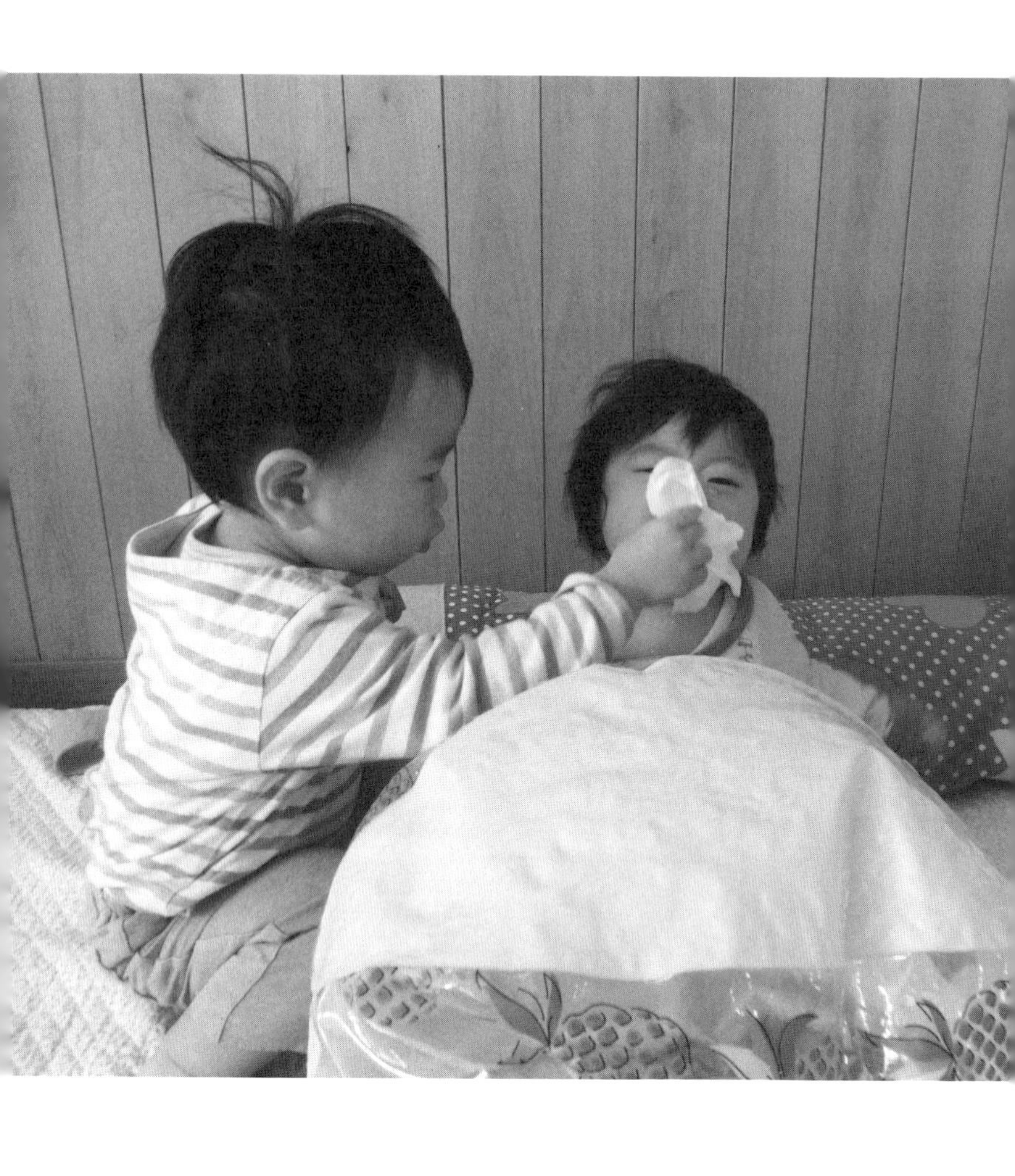

子どもたちは、急に触れられたり、かかわられたりするとびっくりしたりストレスになるので、私たちは「鼻水、取ってもいいですか」などと必ず声をかけるようにしています。取ってあげている子はそれを自分も経験しているので、5か月の子と目を合わせて「うんうん」と頷いてからティッシュで拭いているんですね。

5か月の子は、鼻水を取られるとは思っていなかったかもしれませんが、自分に何かをしてくれようとしているのかなという見通しは立つわけです。月齢が11か月しか違わない子どもたちのかかわりの中でも、このような様子が見られます。

また、子どもたちのかかわりを見ていると、**置かれている立場で人はつくられていくのだと感じます。**

いまの2歳児クラスの一番月齢の低い子が3月生まれで、1歳児クラスの一番月齢の高い子たちが6月生まれで、たった2か月半ぐらいしか月齢差がありません。2歳児の子は体もちょっと小さいんですけれども、自分より体の大きな1歳児の子たちの世話をすごくよくしますし、1歳児の子たちも2歳児の子をお姉さんだと思ってすごく頼りにしています。**自分のいる立場が潜在している力を引き出していく**というのも、興味深いところです。

かかわりの中で相手を信用すること、人をいたわること、大切にすること、尊重することということを日々積み重ねていくと、それが当たり前になって、「やさしくするんだよ」とか「そんなことしちゃダメだよ」と言われなくても、実際のやり取りの心地よさだったり、満足感だったり、安心感だったりというのが、次から次に引き継がれて関係性ができていくのだと感じます。

エピソード3

私が担任をしていたときの出来事です。

2歳児がミカンを搾ってジュースにして飲むという活動をしていました。月齢の高い順にやっていたので、月齢の一番低いHくんは、ほかの2歳児がやるのを見ながらずっと待っていました。待って待って、やっと自分の番になってミカンを搾って飲もうとしたとき、そのことをじっと見ている1歳児の男の子が目に入ったんですね。するとHくんは自分で飲もうと思ったそのジュースを、引きつけられるようにその男の子の口元に持っていって飲ませてあげたんです。

じつはこの時期、Hくんはいろんな人にかみついていて、もっときちんと伝えて止めていかなければいけないなと思うのと、かまれてしまった保護者にもこの子の保護者にも本当に申し訳ないという気持ちで、私自身が悩んだり気持ちが揺れたりしていました。

でも、この場面を見たとき、この子はこんなに人にやさしい思いを持っているのに、そのことにも気づかずに、どうやったら止められるかということばかりを考えていた自分がものすごく情けなくなってしまって、私は思わず号泣して保育ができる状態ではなくなってしまったんですね。その場は後輩の保育者が代わってくれて、「なんで先生は泣いちゃったの」という子どもたちに、「Hくんが優しくて、先生はとってもうれしくなっちゃったんだと思うよ。うれしいときにも涙が出るんだよ」と言ってサポートしてくれたんですけれど。

私の役割はかみつくのを止めることではなく、この子がまだ表現できていないものを引き出していくことではないかと、吹っ切れた場面でもありました。

だれかの存在が、だれかのまだ引き出されていないさまざまな感情を引き出すということがあります。それは、もしかすると仲間同士の関係からしか引き出されないものがあって、保育者はその場面を見逃してはいけないなと、この場面を思い出しては考えさせられます。本当に大事なことを気づかせてくれた一瞬でした。

エピソード4

2歳児のSちゃんは、割とおっとりしていて自分を主張することはあまりなく、遊んでいるものを持っていかれてしまったりすることが少なくありませんでした。そんなときに、Sちゃんをかばったり守ったりしていたのが、同じ2歳児のMちゃんでした。SちゃんがMちゃんをすごく信頼している様子を、当時の月のおたよりでも紹介しています。

〈友だちに押されて尻餅をつき、涙のSちゃん。「大丈夫ですか」と声をかけると、「ちょっとMちゃんに元気にしてもらってくる」とのこと。泣きながら、遊んでいるMちゃんのところへ行くと、Mちゃんはどうしたのとも何とも聞かず、泣いているSちゃんを2、3秒見て、ぎゅっと抱きしめました。Sちゃんの涙もぴたりと止まりました。

「この人がいれば大丈夫」「私がいれば大丈夫」という信頼関係が、このふたりの間には積み重なっているのだと思います。〉

そんな関係が積み重なっている中で、ナースリールームでは節分の日を迎えました。ナースリールームの節分の鬼は、決して怖くはなくて、ちょっとユーモラスでかわいらしいんですけれども、非日常的なこともあって、子どもたちにとってはやっぱりドキドキする日になります。

いつもはSちゃんを守っているMちゃんが、鬼を見てパニックのようになって泣いていました。それを見たSちゃんは、自分も鬼が怖いんだけれども、逃げたり保育者にしがみつくのではなくて、Mちゃんを鬼から守るようにぎゅっと抱きしめました。

本当に印象的な場面でした。それ以降、さらにふたりの関係が深まっていくのですが、これまでとは違い、Sちゃんは見違えるように自信をもって遊んでいるように感じました。自分の大好きなMちゃんという存在を守ったことが、Sちゃんのいままで自分でも気づかなかったような感情を引き出し、それが自信につながったのだと思います。

このように子どもたちは友だちの存在から、いろいろなことを感じたり学んだりしています。保育の現場では、たいていの場合そこに大人が存在していますが、成長とともに生活の中でだんだんと大人の存在よりも友だちの存在が大きくなっていく、それが自然に移行していきながら子どもたちは、自分のいる社会の中で自分らしく生きていけるようになるのでしょう。その土台を作っているのが、この0・1・2歳児の時期の人とのかかわりということになります。

思い通りにならないこと（トラブル）をどうとらえるか

「思い通りにならないこと」を大人の物差しで測ると、トラブルとかけんかというようになるのかもしれません。**では、トラブルは困ったことなのでしょうか。**トラブルについて大人がどうとらえているかによって、子どもへのかかわり方が変わってきます。

子どもが思い通りにならないことと向き合ったとき、それは自分の思いを表現する機会や相手の思いを知る機会になったり、解決にはいろいろな方法があることに気づくなど、表現や思考の幅が広がる経験になります。

イレギュラーな出来事に出遭うことは、人が生きていくうえでは大事なことです。大人の場合で考えてみるとよくわかります。日常生活の中で思い通りになることはそんなに多くなくて、その中で気持ちよく暮らすためにはどうしたらいいかを調整しながら過ごしていると思うのです。子どもたちにも、思い通りにしてあげることが大事なのではなくて、思い通りにならないこととどう向き合っていくかということを、一緒に考えていくことが大切です。

ついこの間の保護者会で、０歳児がコップを取りっこをしている場面を担任がスライドで紹介していました。取り合いにもそのときそのときの「個性」があるんですね。担任が「静かな戦い」と紹介していた取り合いは、声をあげたり、泣いたり、手が出たりはしていないんですけれども、お互いが相手のことをしっかりと観察していました。

そして、もうひとつの取りっこは、大きな声を出しながらおもちゃを取り合っていました。担任はこれを「激しい戦い」と名づけていますが、この子たちも、お互いのことをとてもよく見ていました。どっちがいい、どっちが悪いではなく、どちらもお互い相手のことをよく見ているというのがとても大事なんだという話を保護者会でしました。

相手のことを見ることで、相手がどんな気持ちか、または、どうやったら取ることができるかなど、いろいろな思考を巡らせているわけですね。ですから、取り合いはダメではなくて、取り合いをしていく過程でこの子たちが経験していることは何なのかということを、身近にいる保育者がしっかりと考えていることが大事なのです。

エピソード5

また、お庭でおやつを食べていたときのこと。すでに自分の分のクッキーを食べてしまったMちゃんが、別の子のクッキーを手に持っていました。保育者の膝に抱かれて隣に座るAちゃんのクッキーです。Mちゃんは自分の分を食べてしまったけれど、もう1個あるAちゃんのクッキーを食べたい。Mちゃんからはすごく悩んでいる様子が見てとれました。

そこに2歳児の子たちがやってきて「どうしたの？」と聞いたので、保育者はそれぞれの状況を代弁する形で伝えました。

「いま、Mちゃんはクッキーを食べたんだけど、もっとクッキーを食べたくなっちゃったんだって。Aちゃんはまだクッキーを食べてなくて食べたいんだけど、クッキーがなくて困っているんだって」

結局、Mちゃんは手に持っていたクッキーをぱくっと食べてしまいました。先ほど話を聞いていた2歳児の子たちが「じゃあ、持ってきてあげるよ」といって、調理室に行ってもう1枚、クッキーをもらってきてくれました。それでAちゃんは、無事にクッキーを食べることができました。

もしもこのとき、保育者が「もう食べたでしょ」とか「返してあげたほうがいいんだよね」と結論づけていたら、周りの子も食べてしまったMちゃんのことを「困った子」だと

思うかもしれません。でも、結論を出さずにそれぞれの思いを代弁することで、2歳児の子たちは「じゃあ、どうしてあげたらいいかな」と、自分たちで考えたのだと思います。2歳児の子たちなりに、自分たちより小さい人たちの困ったことに無関心ではいないということですね。

保育者がしっかりと受け止め代弁することで、クッキーを手にできない子もそれほど不安にはなっていないと思います。

そして、クッキーを食べてしまった、まだ2歳にも満たないこのMちゃんの行為も決して困ったことではなく、クッキーをじっと見て葛藤することも、Mちゃんにとっては大事な経験だったと思います。

パターン的なやり取りを伝えていないか

解決を急いだり、トラブルを未然に防ごうとして、保育の現場で使ってしまいがちな言葉があります。たとえば、「貸してって言うんだよ」「入れてって言うんだよ」という言葉。言われたほうは「いいよって言うんだよ」といったパターン的なやり取りです。また、「順

エピソード6

番」という言葉で、急かすことや待つことをまとめてしまったり、区切りをつけるために「おしまいだよ」「ごめんなさいだよ」と伝えてしまうこともしがちです。でも、「ごめんなさい」というのは免罪符ではありませんし、その子が心の底から「しまった」「悪かった」と思って出る言葉であって、言わされるごめんなさいには意味がありませんね。

パターンで人にかかわることを教えてしまうと、子ども自身のそのときどきの状況判断や人の気持ちに寄り添うこと、自分の思いを表現する機会を奪ってしまいかねません。たとえば、いまは3人で遊んでいて、「入れて」と言われてもだれかを入れることが難しいということもあります。5個しかないものをひとりで5個使っていて、「5個もあるんだから1個貸してあげてよ」と言われても、その子にとっては、いまはやっぱり5個必要な場合もあるかもしれません。

一人ひとりの状況を考えて、そのタイミング、気持ちに寄り添っていくと、パターンでかかわることはなくなっていきます。

以前、月のおたよりに、こんなエピソードを書きました。

〈先日、木イチゴがたくさんなっている枝のところに、Sくん、Hくん、Fちゃんが集まっていました。このままでは場所の取り合いになるのではないかと思ったのでしょう、実習生が「順番ね」という言葉を使おうとしたので、「ちょっと待ってね」と声をかけ様子を見ていました。すると「HくんとFちゃんもとりたい？ Sちゃんがとるから待っててね」Sくんはそう言って、ひとつだけ取って場所をHくんに譲り、Hくんもひとつだけ取って場所をFちゃんに譲りました。そして3人で顔を合わせて笑いながら、木イチゴを味わっていました。

このやり取りの中に友だちを思いやる気持ちや信じる気持ちが感じられ、見事だなと感心させられました。

日常生活の中で、大人は子どもに対し、「順番」という言葉を使うことがよくあるのではないでしょうか。本来「順番」とは、「いま使っているから、やっているから待っていよう」と、相手を尊重する言葉であり、また「待っているから終わったら貸してあげよう」と、待っている人を思いやる言葉として子どもに伝えたいと考えているのではないでしょうか。ただ単に順番という言葉だけを伝えてしまうと、本来伝えたかった意味とは違った伝わり方をしてしまい、「順番だから早く代わって」「順番だから待ってて」など、自己主張する言葉になってしまうのではないかと感じています。順番というひとことで済ませるのではなく、丁寧に言葉にすることで本来子どもたちに伝えたいと思っている感情を、日々大切に育てていきたいと思っています。〉

本来は人を思いやる気持ちだったり尊重したりする言葉のはずなのに、パターンで伝えてしまうことで自分を主張する言葉になったり、権利を主張する言葉になったり、免罪符的な意味になっていたりすることがあります。大人が何げなく当たり前のように使っている言葉の中に、じつはそういった矛盾があるのではないかということにも、注意していく必要があります。私たち保育者は、その言葉の本来の使い方がわかるまで、この時期の子どもたちには短い言葉でいうのではなくて、そのときどきの状況や言葉にできないそれぞれの気持ちを一つひとつ丁寧に伝えていくことが大切です。

ルール（約束）

ルール（約束）についても同じですね。トラブルを起こさないために、または早く解決するために、保育の場にはいろんなルールがあると思います。そのルールは子どものためのように思うかもしれませんが、じつは大人が子どもを管理したり、子どもをコントロールするためのルールになってはいないでしょうか。

子どもを止めるときに「ダメ」と強い口調で言うと、その一瞬はやめるかもしれないし、その一瞬は防げるかもしれません。でも、止める人の目があるときにどうするかではなく、私たち保育者がすべきことは、大人から離れて自分たちで過ごすようになったときに、自分で考え、判断する糧（かて）を置いてくることです。

「マル」か「バツ」か、「いい」か「悪い」かではなく、「○○をすると○○だから、やめようね」と。時間がかかるかもしれないけれども、一つひとつ丁寧に伝えて積み重ねていったことは確実に子どもの中に積み重なり、子どもが考える糧になっていきます。そう考えながら自分の園や保育のルールを見直していくと、また違った子どもたちの育ちが見てくると思います。

かみつく・引っかく

それぞれの思いを代弁していく

かみつくことや、引っかくことは、どこの園でも話題になることでしょう。

これはその現象だけをとらえても、何の解決にもなりません。なぜかみつくのか、なぜ引っかくのかというときに、まずは環境、生活リズムや体調などから考えてみることで、防ぐための配慮ができることも、たくさんあります。

広さや部屋のレイアウト、おもちゃの数、あとは人的配置ですね。広ければいいというものでもありませんが、狭ければぶつかることも多くなります。

子ども同士が行き来するときに、違う遊びをしていた子同士がぶつからないか、同じものに興味があるのにおもちゃの絶対数が足りてないということはないか、何かがあったときに、保育者がすぐにかかわれる配置になっているか、保育者の数は足りているのかなどがあります。

また、子どもは不快感でイライラしていると、周囲の人に向かっていったりもします。眠さはないか、空腹感はないか、疲れが出ていないか。しんどかったり鼻水が出ているなど体調の変化がないか。それらをチェックしていくと、起こりやすい状況や時間帯、場所などがわかってきます。

このように、環境や体調などに配慮をしていくことで、防げることもあるのです。

みなさん重々承知だと思うのですが、この時期にかみついたり、引っかいてしまうのは、子どもがまだ自分の思いを言葉で表現できないということですよね。

じつは、自分の不快感や思い通りにならないことを表現する方法としては、かみついたり引っかくことだけではなく、押すとか、たたくとか、髪の毛を引っ張るとか、ものを投げるなどいろいろあります。ではなぜ、このかみつくことひっかくことが保育者にとってすごく気になり、また大きなストレスにもなっているのかというと、傷跡が残るからなんですよね。つまり、保護者にきちんと報告しなければならないということが出てきます。

かみつくことや引っかくことで自分の思いを表現することの多い子は、止められることが多くなってしまいます。その結果、子どもの中には、自分が感じたままを表現すると嫌な思いをする、怖い思いをするということが積み重なっていきます。そうすると子どもは、自分で思ったことを表現するのをやめてしまいますし、さらには自分で感じて考えたりすることもやめてしまいます。

ですから、先ほどいったように時間帯や生活リズム、個々の発達に配慮し、どうしたら防げるかというような見通しを持ちながら、子どもの気持ちを代弁するということを丁寧に丁寧にくり返していくことが大事です。

保育者は手が出そうなほう、口が出そうなほうを止めがちなのですが、痛い思いをしそうなほうを守るということを、基本に考えていくといいでしょう。

そして、かみついたり引っかいたりしてしまいそうな子どもの、言葉にならない思いを代弁していく、表現できなかった思いに寄り添いながら、その思いを引き出していくということが大切です。

「そうだよね、イヤだったよね」「そういうときは、やめてねって言おうか」とか、「欲しかったよね、欲しいときは一緒に探しに行くのはどうかな」というように、かんだり引っかいたりする以外にも表現する方法があるということを、丁寧に伝えていくこともとても大事です。

そして、この子ども同士のやり取りを、大人のトラブルにしないということも大切な配慮といえます。先ほども触れましたが、かみついたり引っかいたりすることが気になるのは保護者への説明が必要だからなんですね。大人のトラブルにしないためには、日ごろからの保護者との信頼関係と、保護者の子ども理解が不可欠になります。

何かが起こってからではなく、普段から保護者には、「子どもの発達の過程ではまだ十分に表現できない思いからたたいたり、髪を引っ張ったり、ときにはかんだり、引っかいたりしてしまうこともあるけれども、そのことは十分に気をつけながら、その子どもの気持ちに寄り添って思いを引き出していきたいと思っています」ということを伝えています。

また、今回は保護者への月のおたよりで伝えている子どものエピソードをご紹介しましたが、そういった方法も使い、普段の子ども同士の関係性などを丁寧に伝えていくことで、もし、何かがあったときにも「知らない子にかまれたのではなくて、いつも一緒に楽しく遊んでいるあの子との間では、ぶつかることもあるんだな」というような保護者の子ども理解にもつながっていくだろうと思います。

保育の現場だからできること

子ども同士の関係で見ていくと、保育の現場ではどうしても「集団」という言葉が前提になりがちですが、集団は「個」が集まってできるもので、個がきちんと育つことが大切です。しっかりとした個性を持ったもの同士がつながっていくことが大事で、その中では、自信をもって自分を表現したり、友だちの魅力にも気がついていけたりします。

私たち保育者は、まずは個があるということを忘れてはいけません。個の魅力を最大に引き出していけるのは、さまざまな個性を持った子どもたちが複数いる保育の現場だからこそなのです。

大人がそうであるように、人とかかわる距離感もそれぞれです。ぽつんとひとりで遊んでいるから「この子は人とかかわれない」と決めつけるのではなく、子ども自身が求めたときにきちんと人とかかわれるようなサポートや、周囲に流されずに自分のやりたいことができる安心感や自信、そのことを認め合える仲間関係、そういうものを育てていく、保障していくのが保育者の重要な役割です。

家庭とは異なり、年齢が近い仲間がいるということ、きょうだいとはまた違った自分よりもちょっと大きな人たち、小さな人たちがいるということ、日々関係を積み重ねていけるということ、そしてそこには子ども同士をつなげていく専門性を持った保育者がいるということなど、子どもが人との関係を築いていくさまざまな可能性が、保育の現場にはあります。

人と人の関係を積み重ねていける、いま解決を急がなくても経過を見ていけるということは保育の現場の魅力です。半年前にはブロックを取り合っていた子たちが、半年後には相談しながら一緒に大作を作っていたりすることが、保育の現場では当たり前のように見られます。それは継続して子どもたちが関係を積み重ねていける保育の魅力のひとつです。

保育者の役割は自分たちのところから巣立っていったあとにまで影響していくということを視野に入れて、いま自分たちの対応が、これからの子どもたちにどうつながっていくかを考えていくことが大事だと思います。

エピソード7

最後に、もうひとつエピソードを紹介して終わりにします。

その日、ナースリールームにお花屋さんが花の苗を車に乗せて売りに来てくれました。2歳児は自分でそれぞれ好きなお花を購入して保育者と一緒にプランターに植えていくのですが、入室間もないSちゃんはこのときがはじめてお花を買う経験をする日でした。

多分、Sちゃんはどうしていいのかわからなくなったのだと思います。みんなのそばからすーっと離れていったんです。それに気づいたHちゃんがSちゃんのところに行って、そっと隣に座りました。そのときに見られたのが写真（次ページ）のふたりの表情でした。

Comme

このふたりの笑顔にはとても深いものがあると感じました。

気持ちが揺れているSちゃんに気づき、ただただそばに寄り添ったHちゃんと、Hちゃんが横に座ったことで気持ちが緩んだSちゃん、言葉では表現されていないお互いの気持ちを感じ合っていたのかなと思います。

私がもしこのそばにいたらどうしたかなと考えると、きっとSちゃんに「一緒にお花、買いに行こうか」って誘っていたと思うんですね。そのかかわりはやさしかったかもしれないけれど、すっと抜けていったSちゃんの気持ちには反して、離れていった場に引き戻すことを促す言葉になっていたのではないかなと思います。

緊張した友だちの気持ちをやわらかく受け止めて寄り添うということを、言葉を持ち合わせた大人は、忘れているのかもしれません。

こんなことを子どもたちに教えてもらいながら、子どもの気持ちに寄り添うということはどういうことなのかを、考え続けていきたいなと思います。

では、今日のお話は終わりにさせて頂きます。ありがとうございました。

第六講のポイントまとめ

- □ 保育の現場には、きょうだいとは違った月齢の近い他児の存在があり、大人には与えることのできない刺激や経験を引き出していく。

- □ 人との距離感やかかわりは、子どもによって個性がある。「いまのこの子」にとっての「人とのかかわり」では、どんなことが大事なのを考えたい。

- □ 子どもが思い通りにならないことと向き合ったとき。保育者は思い通りにしてあげることが大事なのではなく、そのこととどう向き合っていくかを、一緒に考えていくことが大切。

- □ 子ども同士のやりとりを大人のトラブルにしないためにも、日ごろからの保護者との信頼関係と、保護者の子ども理解が不可欠。

第七講

環境

～子どもの遊びが変わる・育ちが変わる～

こんばんは。今日のテーマは「環境」です。子どもたちが日々過ごす中でかかわるすべてのものを大きく「環境」ととらえて、いろいろな視点から考えていきたいと思います。

保育の現場で保育者の役割というと、子どもとかかわることがまず第一に考えられがちですが、保育をしていると、実際は子どもとかかわることと同じか、それ以上に環境についての配慮、環境を整えていくことに時間や気持ちを割いていると思います。

ナースリールームには、年間でかなりの数の実習生が入るのですが、その実習生の記録にも、この環境についてはよく取り上げられています。それだけ、保育の現場に入ってみて、環境について新たに気づくことが多いのだと感じます。

私はこの環境について考えるのが、じつはとても好きなんですね。子どもの様子を見ながら環境を工夫していくことで、子どもの中から引き出されていくものがどんどん変わっ

ていきます。そういう意味では、環境を考えるのは、すごくおもしろいことです。

保育者のまなざしと発達に合わせた環境

昨今、保育園での残念な出来事がさまざまに報道されています。本当に聞くのもつらいのですが、やはり目を背けるわけにはいかないところでもあります。そのようなことはあってはならないし、もちろんほとんどの保育者は、子どものことを大切にして、専門性をもって子どもと向き合っています。

何といっても保育の現場で大切なのが**保育者の存在**です。

ある日、0歳児がランチルームに遊びに来ていて、私がその子の名前を呼んだんです。私はその子とはそれほど交流がなかったので、その子は「この人はどんな人?」「大丈夫な人?」というように担任の先生を見たんですね。すると担任の先生が、「大丈夫だよ、佳代子先生だよ」と言い、子どもはそれを聞いて安心した表情になったんです。それだけ子どもが担任の先生を信頼していることがわかります。これはそのときの写真(次ページ)

なんですけれども、子どもの表情から、その先生がどれだけにこやかな、やさしい表情を子どもに向けているのかが想像できるのではないかと思います。

人的環境である保育者のあり方は、子どもに大きな影響を与えます。保育の環境では、ハードな部分とソフトな部分があると思うのですが、どんなにハード面が整っていてもソフトの部分である保育者の存在に問題があれば、ハード面も生かされません。ハード面が恵まれていればそれに越したことはないのですが、**たとえハード面に多少課題があったとしても、一緒に過ごしている保育者が子どもたちにとって良質なものであれば、子どもたちの暮らしは保障されていくの**だと思います。

私たち保育者という存在は、それくらい子どもたちに大きな影響を与える存在だということを、しっかり認識していかなければなりません。

では、大きな意味での環境について、お話を続けます。

まず、0・1・2歳児のこの時期の環境を整えていくうえで欠かせないのが、発達に対する配慮です。

保育の場は、子どものことを考えて作られている場所です。「ダメだよ」とか「危ないよ」と、できるだけ止められることがなく、どこよりもそのときどきの子どもが安心して安全に過ごせるように考えられた場所であることが大切です。そのために保育者は、一人ひとりの発達段階や興味を把握して、のびのびと自分を発揮できるような配慮と工夫をしていくことが必要になってきます。

子どもを取り巻く環境には、場所、もの、人といろいろな視点がありますが、このすべてにおいて子どもが自ら働きかけ、かかわり、さまざまな経験をしていくことで、日々の生活を豊かにしていけるよう考えていかなければなりません。

発達に合った環境を考えるうえでのポイントには、発達段階の異なる子どもたちに対しての配慮、発達が著しい子どもたちについての対応、そしてそれに伴う危険についての対応などがあります。

ひとつ目のポイントは、発達段階が異なる子どもたちにどう配慮していくかということ。

0・1・2歳児の場合、各歳児で部屋が分かれている場合もありますし、0・1歳児が同じ部屋だったり、1・2歳児が同じ部屋ということもあるでしょう。

ナースリールームでは0歳児が独立した部屋で、1・2歳児が同じ部屋で過ごしています。ただこの時期は月齢差が大きく、1歳児だから2歳児だからと分けられるものではないので、何歳何か月のだれにとって、どこで過ごすのが、一番その子が気持ちよく過ごせるかということを考えています。1歳児でも0歳児の部屋にいたり、0歳児でも高月齢の子は1歳児と過ごしていたりして、クラスを超えた配慮が必要になることもあります。

月齢が低ければ低いほど、特に0歳児から1歳児の前半くらいまでは1か月、2か月の月齢差が大きくなりますので、この時期は特に月齢に合わせた配慮が大切です。

「ここに入ってはいけないよ」とか「ここから出ないでね」という場所が増えてしまうと、子どもたちが自由にのびのびと過ごすことにはつながりません。家具や保育者のいる位置で場所を仕切るなど、できるだけ子どもたちに制限のないような空間づくりを工夫していくことが大切です。

また、0・1・2歳は、一生のうちで最も発達の著しい時期に当たります。入室してきたときはまだ2か月とか3か月で寝返りもしていなかった子が、年度の後半には歩けるようになって、ちょっと高いところに上ったりもします。1年間のうちで、動きがどんどん変わっていくんですね。4月と翌年の3月では子どもの様子がまったく違います。

動きや興味、かかわりも変化していくのに環境が変わらないままだと、子どもたちは周りからの刺激がおもしろくなくなってしまいます。そうすると大人たちや、必要以上に友だちの方に目がいきがちになって遊びが広がらず、機嫌の悪い子が増えたり、ものの取り合いが増えたりもします。ですから、子どもの発達や興味の変化を把握しながら、環境の見直しをしていくことが大事です。

ただ一方で、いつもと変わらない環境であることも子どもたちの安心・安定につながりますので、おもちゃを少しずつ入れ替えていくなどの小さな環境の変化と、動きによって家具などを移動させるような大きな環境の変化、ふたつに分けて考えていくといいでしょう。ナースリールームでは、4月に入ってくる子どもの月齢や発達を加味して保育の環境を整え、そのあと秋ぐらいに1回大きな見直しをしています。

おもちゃを入れ替えるときもそうですが、その理由や変化の様子を保育者間、また保護者とも共有します。そして、そのことは子どもたちとも共有しています。

子どもたちは言葉ではまだ表現できなくても、環境が変わったことには気がついていて、「なんでだろう」とか「あのおもちゃはどこにいったかな」というふうに感じていると思うんですね。「このブロックはいっぱい遊んだからちょっとお休みしようね」とか、「こっちのおもちゃを出そうと思うんだけど、どうかな」など、やり取りしながら子どもたちに伝えていくことは、ごくごく自然なことです。

起こり得る危険

何かができるようになったらそのことを保育者間で共有し、起こり得る危険について保護者とも共有しておくことが、子どもをけがや事故から守ることになります。

少し前にもベランダから子どもが転落するという、とても残念な報道がありました。子どものことを知っている人なら「防げた事故だったのでは」という残念さ、悲しさ、悔しさを感じたのではないでしょうか。

子どもは与えられた玩具、与えられた場所だけで遊んでいるわけではありません。子どもは大人のことをとてもよく見ていて、あるとき突然、真似をしたりします。何かができるようになるというのは成長ですし、すごくうれしいことなんですけれども、**何かができるようになると危険なことも増えるということ**を頭に置いておく必要があります。

保育園に来ている子どもたちは、ずっとひとりの保育者が見ているわけではありませんから、できるようになったこと、危ないなと思ったことは必ず保育者間で共有します。また、子どもは家庭と保育園で生活しているわけですから、保護者とも、成長を喜ぶとともに起こり得る危険について共有しておくことが大切です。

たとえば、寝返りができるようになることは大きな成長の一歩ですが、寝返りができないという前提でソファのようなところに寝ていたりすると、うっかりした瞬間に寝返りができてそこから転落ということもあり得ます。引っ張ることができるようになって、たとえば、それが背伸びと一緒になると、届かないと思っていたテーブルクロスに手が届いて、引っ張って上にあったものが落ちてきたり。それが熱いものだったりすると大変なことになりますね。

鍵をひねることができるようになり、部屋の内側から鍵をかけて大人が外に閉め出されて大きな事故やけがにつながることもあります。鍵をひねることができるようになったからストッパーをつけようとか、高いところに上れるようになったから台になるようなものはしまっておこうというように、大人たちが定期的に環境を見直して気をつけることで、子どもたちの安全を守り、そして、子どもたちがのびのびと自分を発揮して育つことも保障します。

「場所」「もの」「人」という3つの視点から環境を考える

次に、環境を「場所」「もの」「人」という3つの視点から考えていきます。

まずは「場所」について。子どもが過ごしている場所というのは、自分のクラスだけではありません。ほかのクラスや園庭、ホールのような広いところ、散歩先の公園で過ごすこともあります。

第一に考える必要があるのは、その場所がその子にとって安全な場所かということです。まだ動けない子、はいはいの子、歩き始めたばかりの子、じっくり遊びたい子、走り回りたい子、その一人ひとりが安全に過ごせる環境を保障できているかを考えます。

自分のクラス以外の場所ではすべてを安全に整えることはできませんが、このとき保育者の役割として大事なのは、その場所がその子にとってどのような危険が起こり得る場所なのか、ということを察知する力です。そのためには、一人ひとりの発達段階や個性を理解している必要があります。たとえば、「この子は段差に乗ったりするから、あそこのベンチの近くでは、そばについていよう」などと、見通しを立てることで的確な判断につながっていきます。

安全であることが大前提ですが、大人の側が管理しやすいという観点だけで子どもの過ごす場所を考えると、ただ広くて見通しのよいだけの空間になってしまいます。子どもの体の大きさを考えると、子どもは広い空間にポツンと置かれてしまったような心境になり、落ち着かなくなるかもしれません。

保育者のいる位置、家具の置き方を工夫することで、大人たちの目は届くけれど、子どもたちには見られているという感覚を与えず、自分の世界に入り込める空間をつくることもできます。そんな保育室の環境づくりができると、子どもが落ち着いて遊ぶ場面が増えてきます。

探索活動を引き出す

また、子どもたちと過ごす場所は、探索活動を引き出す場所であることが望ましいと考えています。自分でおもしろいものを見つけて自分から働きかけていく環境、遊びが広がっていく環境、人とのかかわりが積み重なっていく環境をいかにつくるかが大切です。

このことは、いまのびのびと自由に遊ぶということだけでなく、自分から周囲に関心を持って、働きかけることで新たな発見や気づきにつながり、さらに興味を広げていくことになるのではないかと思います。何に興味や関心を持つかは一人ひとり異なりますので、探索活動が十分にできる環境は個々の個性を引き出していくことにもなります。さらに、個性を持った一人ひとりの遊びがつながり、仲間と楽しさを共有するおもしろさにもつながっていきます。

経験がある人も多いと思うのですが、自分が考えて工夫をしたり、配慮した環境で子どもたちが遊んだり、そこで遊びが広がっていくと「やった！」という気持ちになりますよね。そのくり返しが、よりよい環境をつくっていくことにもなり、とてもやりがいのあることだと感じます。

さまざまな空間

ナースリールームの保育室には、広い場所と狭い場所、明るい場所と暗い場所、高い場所と低い場所など、いろいろな場所があります。子どもたちが自然に、生活の中でいろいろな空間を味わいながら、そのときどきの遊びや気持ちにあった自分の居場所を選択して過ごせるようなつくりになっています。トンネルのような穴蔵もあります。高さが1メートルぐらい、奥行きが180センチぐらいあって暗い場所です。オオカミごっこの場所になったり、隠れ場所になったり、エレベーターになったりと、いろいろに使われています。

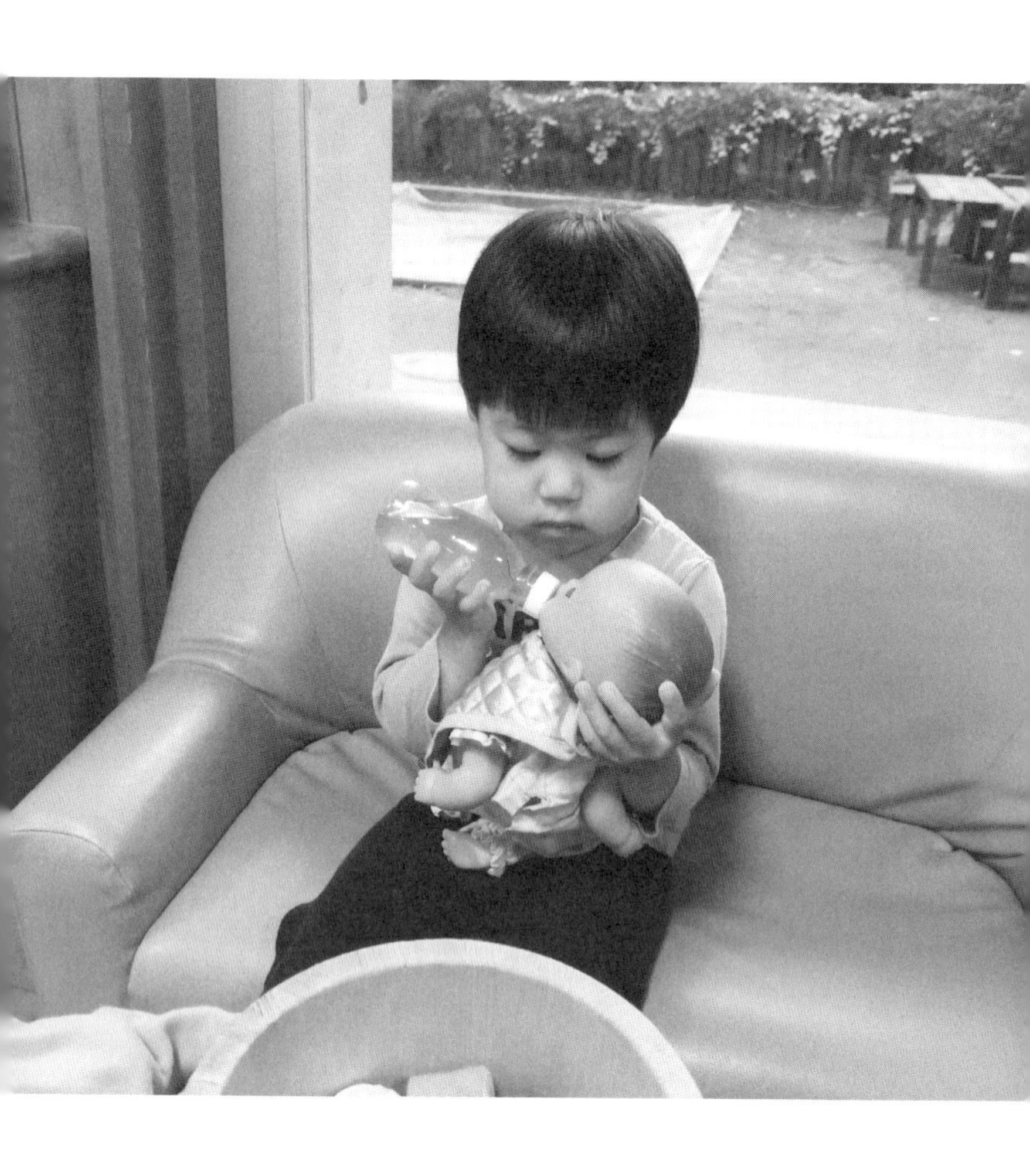

このほかにも、本棚の後ろに2人掛けくらいのソファや、廊下の途中にちょっとくぼんでいる空間などがあるんですけれども、子どもは嫌なことや残念なことがあったとき、気持ちが収まらないときなどに、だーっと走っていって、こういう場所に行くんですね。子どもたちはだれに教えられなくても、ここだとひとりになれるとか、ここはだれからも見られないということを知っています。

特にいま保育時間が長くなっている中では、いつも集団でいるというよりは一人ひとりがのんびりと過ごせる空間というのも大事です。こもれる場所、一人ひとりがのんびりと落ち着いて過ごせる空間も、子どもたちにとって必要な場所だと感じます。

刺激を与える「もの」

次は「もの」について。おもちゃはもちろんのこと、生活用品や自然の素材など、子どもたちに刺激を与える「もの」は、いろいろあります。

おもちゃについては、発達的な視点、また、何でも口に入れるということや感染症対策の視点からも、衛生的に管理できることが条件になります。洗えるものは毎日洗う、洗えないものはアルコールで消毒する、布製のものなどは干すというように、いつも同じように衛生状態を保つようにします。

保育者（人的環境）　おもちゃの数　素材に触れる

口に入れるということが前提になりますが、誤飲につながらないような大きさ、なめても色落ちしない塗料、口の中を傷つける形状ではないかの確認が必要です。複数の子どもが遊びますから、おもちゃ同士がぶつかり合う音なども考えて、その素材を検討するといいでしょう。

子どもが生活の中で遊びながら、いろいろな素材に触れるということも大切にしています。布でいうと、１００％のコットンや、シルク、オーガンジーなど、大きさや色、手触りなども考えて選んでいます。

この時期はまだ相談して分け合ったりする時期ではなく、「同じだね」「一緒だね」を楽しむ時期なので、おもちゃの数はある程度揃えておくことが大切です。おもちゃが使いたいときに使えなかったり、取りっこになる経験が積み重なってしまうと、友だちの存在がライバルになったり、煩わしい存在になってしまうことがあります。

「人」については、友だちの存在は六講でお話ししましたので、ここでは「保育者」について考えていきます。

最初にもお話ししたように、この「保育者」というのが、環境の中の人的環境として最も大事な存在です。

保育者は子どもに対する知識や技術も大切なのですが、最も大事なのは子どもに対するまなざしです。

大人もそうであるように、自分に向けられているまなざしから自分がどのように受け止められているかを、子どもは感じ取っています。そのまなざしが子どもにとって温かいものであるならば、実際にかかわらなくても、距離があったとしても、子どもはそのまなざしに安心し、気持ちが安定します。

また、保育者として大事なものの中に、「保育者自身の豊かな経験」があります。これは保育者としての経験ではありません。仕事以外にも保育者自身がさまざまな経験をして自分を磨いていくことが、保育にも生かされていくのです。

大人は忙しかったり、生活がマンネリ化してしまっていて、目の前で起こっていることにも、心が動かなくなっていることが、たくさんあると思います。でも、子どもはその瞬間瞬間に心を動かしているので、大人も好奇心や敏感な心を持って、その子どものいまに寄り添いたいものです。

そして、相手を知ろうとすること、興味を持つことは、コミュニケーションにつながっていきます。

人をおもしろがることも大切です。保育者は自分が思っているように動かない子がいると「困ったな」と思いがちですが、その一人ひとりには思いや考えがあります。「この子はいま何を感じているのだろう」「こんな方法を思いついたのか！」など、子どものことをわかろうとしたりおもしろがる気持ちで見ると、そのことは子どもを理解することにつながります。


保育者も人間ですし、パーフェクトではないので、得手不得手があるのは当たり前です。でも、保育の強みは、ひとりで行っているのではないということですね。保育者が連携を取って得意なところをお互いに生かし、補っていくことで、保育全体としてバランスが取れていきます。

遊びから環境を考える

環境を考えるための視点はいろいろありますが、次に「遊び」という視点からポイントを考えてみましょう。

五感を使う

まだまだいろいろなことの経験が浅い子どもにとって、日々周囲で起こっている出来事は、新鮮なことの連続です。そのことを子どもは、触れる・聞く・かぐ・見る・味わうなどの五感をフルに使って感じ取っています。ですから、遊びの中でさまざまな感覚を使えるような環境や素材があることが望ましいと考えます。

この時期は口に入れていろいろなものを確かめる時期でもありますから、もちろん誤飲につながらない配慮は必要ですが、口に入れさせないのではなく、口に入れても大丈夫という観点から環境を整えていくことが大切です。

見立てる

見立て遊びが広がる時期でもあります。子どもの興味とそこにある道具が合っているのか、遊びが広げられるだけの数があるのか、遊びが展開されていくためのスペースはある

のかということを考えて、環境を整えていくといいでしょう。

おままごとの道具の隣にバッグや布があることで作ったものをお弁当に見立てて出かけるとか、車のおもちゃの近くに大きなコルク積み木があることで道路を作って遊ぶことができるとか、人形の近くに布があることで、お布団にしたりくるんだりしてお世話をする遊びができるなど、それが一個一個ではなくて遊びがつながっていくような空間づくりができているかということも見直してみたいポイントです。

風、雨、雪、花、生きものなどの自然も、子どもたちの遊びにとって大きな要素になります。大人は新鮮味を感じないまま見逃してしまうことがあると思いますが、そのときどきの子どもと一緒に、心を動かしていけるといいのですね。

虫が得意ではない、虫に触るのが苦手という人もいるかもしれませんが、無理のない範囲で、保育を通して少しずつ世界を広げると、自分の世界も広がっていきます。四講でもお話ししましたが、私もおそらくこの仕事をしていなかったら、生きものなどはそんなに得意ではありませんでした。でも、子どもたちの興味に寄り添っていく中で、随分生きものとも親しくなっていって、楽しさも増えました。

そして表現ですね。いろいろな表現の仕方がありますが、音楽も子ども向けの童謡だけが、子どもたちにとって心地よいとは限りません。固定観念を持たずにいろいろなジャンルの音楽に触れてみるといいでしょう。

自分を表現する道具や素材もいろいろあります。発達に合わせて揃えていくことが、遊びを広げていく大事なポイントです。

以上、遊びを「五感を使う」「見立てる」「自然」「表現」の視点から考えてみましたが、これらは一つひとつがバラバラに存在しているわけではなく、それぞれに複雑に絡み合って遊びの中に取り入れられていきます。固定観念を持たずに、子どもたちの遊びを見ながら環境にさまざまな要素を取り入れていくと、子どもたちの遊びが豊かに広がっていきます。

手作りおもちゃ

さて、手作りのおもちゃはどこの園でもみなさん作っていると思うのですが、手作りおもちゃのよさは何だと思いますか？　実習に来た学生さんにその質問をすると、多くの学生さんが「保育者の心がこもっていること」と言うんですね。

確かに私たちは心を込めて作っていますが、第一は気持ちの問題ではないんです。いま

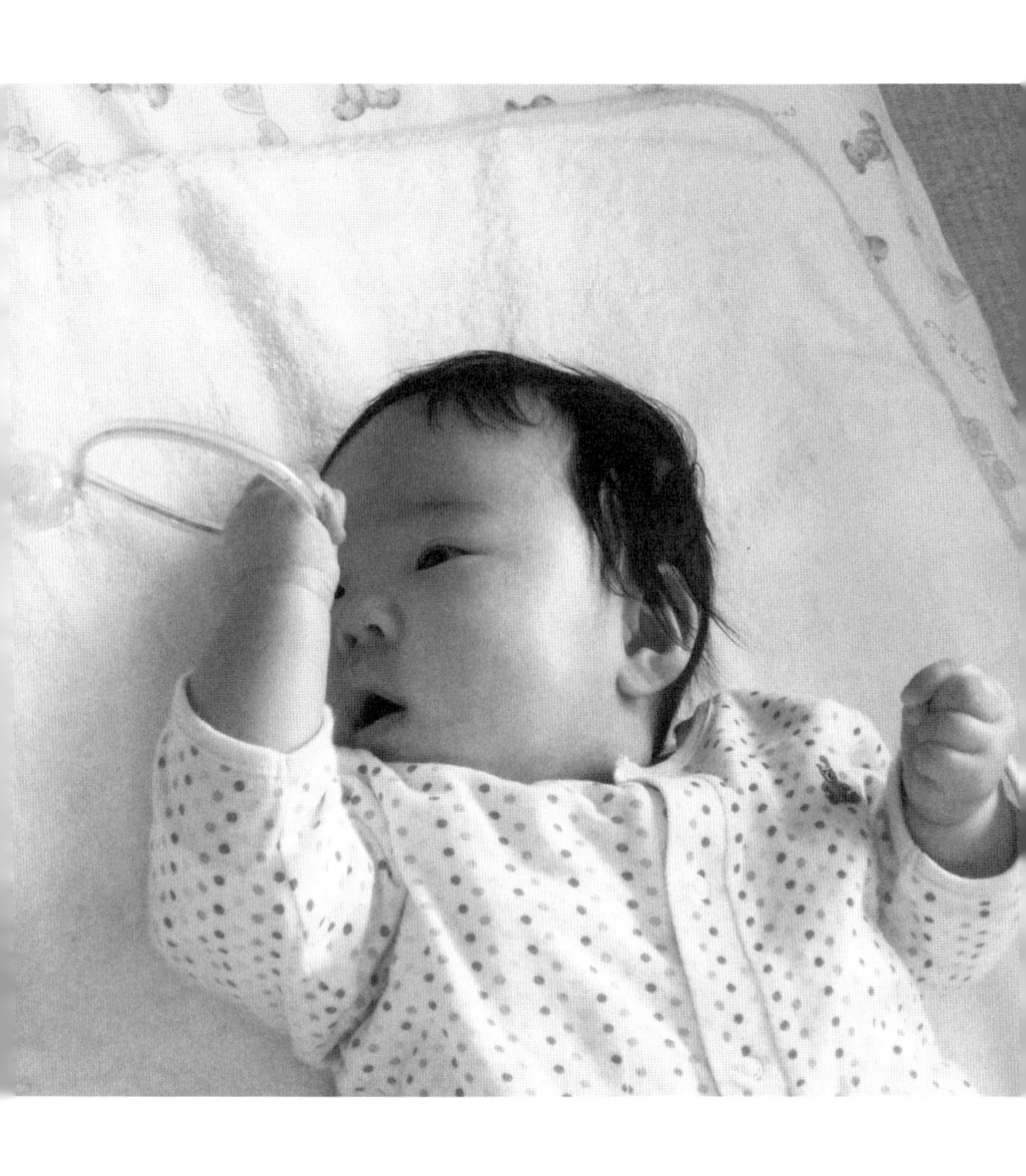

こんなおもちゃがあったらいいなとか、こんなふうに遊べるんじゃないかなと思ったときに、**子どものそばにいる専門性を持った保育者が、その子の発達に合ったおもちゃをタイムリーに用意できるというのが手作りおもちゃの何よりのよさです。**

手作りおもちゃについて、やはり学生さんと話していたときに、なるほど、そういうよさもあるなと気づかせてもらったのが、「保護者の参考になる」という意見でした。子どもと家で過ごすときに、何をしてあげていいかわからないという保護者の方もたくさんいます。そんなときに、身近なもので簡単に作ったおもちゃを紹介すると、親子の遊びにつながっていったりもします。このことは、保護者支援の一環にもなります。

エピソード1

ナースリールームにも、手作りおもちゃがたくさんあります。コロナ禍での自宅待機期間に保育者が家でいろいろと工夫して作っていたので、いまは本当にたくさんあります。たとえば、デコボコする大小の波形ダンボール、プチプチ感のある緩衝材など、感触の違う素材をダンボールに貼って作ったボードは大ヒットしたおもちゃのひとつです。

そのころ、ずっとお座りをしたまま周りをじっと見ているだけの赤ちゃんがいたんですね。自分からは周りのものに全然働きかけようとせず、唯一、爪で床をガリガリガリガリすることをやっていました。その様子をよく見ていた保育者が、「こんなおもちゃなら、興味を持つんじゃないかな」と考えて作ったのだそうです。

その子はこれをガリガリして、いろんな感触を確かめて、大変よく遊びました。それをだんだんベッドの柵に移動させたりして、動きを引き出していくような工夫もしてみました。子どものことをよく見ている保育者が作ったからこその、ヒット作です。

写真（右）のダンボール箱で作った押し車は、ひとりで押して歩いたり、複数で乗ったり、ベビーカーのように使ったり、中に入って隠れてみたりなど、子どもたちはいろいろに応用して使っています。

いまは0歳児室にあり、1・2歳児室には出していません。以前出したときにものを入れて運ぶということで遊びがパターン化してしまっていると保育者間で話があり、「これは修理をするからね」ということで、いまはしまっています。

さきほどお話ししたように、環境が変わるときにはきちんと子どもたちに説明をするのですが、子どもたちも納得しているので、押し車がなくなったことで、また新しい遊びが展開するということにもなっています。

ヒットしたおもちゃであっても、子どもたちの様子を見ながらこのように出したりしまったりという調整が必要になることがあります。

今日は、「環境」について、さまざまな視点から考えてみました。

改めてくり返しになりますが、最も大事なのが、長い時間子どものそばにいる保育者の存在です。保育者のまなざしが子どもたちにとって温かいものであれば、子どもたちの生活も遊びも豊かになっていきます。

たびたび報道されているような悲しい出来事が起こらないように、保育者自身が「子どもへ向けるまなざし」というものを、改めて考えてみていただけるといいなと思います。

以上で、環境のお話は終わりにさせていただきます。お疲れさまでした。

BONE JOURNÉE

第七講のポイントまとめ

- □ 子どもの様子を見ながら環境を工夫していくことで、子どもの中から引き出されるものがどんどん変わっていく。一人ひとりの発達段階や興味を把握して、のびのびと自分を発揮できるような配慮と工夫を。

- □ 何かができるようになると、危険なことも増える。起こり得る危険について保育者間で共有しておくと同時に、保護者とも共有して子どもをけがや事故から守る。

- □ 子どもたちの遊びを見ながら環境にさまざまな要素を取り入れていくと、遊びが豊かに広がっていく。

- □ 保育者は、人的環境として最も大事な存在。自分に向けられる保育者の温かいまなざしに、子どもは安心し、気持ちが安定する。

第八講

表現

～それは心が動いているとき～

みなさん、こんばんは。年が明け、また新たに新鮮な気持ちで子どもたちとの生活が始まっていると思います。

年末年始のお休みは、家族でゆっくり過ごしたり、おじいちゃん、おばあちゃんたちと会ったりしていつもとは違う刺激を受けていることも多く、お休み明けの様子がいつもと違うなと思うことがよくあります。おいしいものもたくさん食べてふっくらと大きくなっているようにも感じますが、それ以上にいろいろな経験をして、気持ちもなんだかふっくらと育ったな、というような印象を受けるのがこの時期です。

そんな子どもたちの育ちも感じられるこの時期は、子どもたち同士の関係もできてきて、遊びややり取りの中でいろいろな表現が出てきます。そこだけを切り取るのはとても難しいのですが、今回は日常の保育の中の「表現」という視点から、0・1・2歳児にとって表

現するということはどのような意味があるのか、どんな大切なことがそこにはあるのかを考えていきたいと思います。

子どもが自由に自分を表現するために

エピソード1

ナースリールームのランチルームには本棚があるのですが、そこの絵本が床いっぱいに広げられたことがありました。もしそんなことがあったら、みなさんはどんなかかわり方、どんな働きかけをするでしょう？

なぜこのようなことが始まったかというと、この少し前に、保育室内で2歳児のEちゃんが転んでしまって、おでこを切ってしまったんですね。ナースリールームは大学の構内にあるので、大学の保健室の看護師さんに応急処置をしてもらったんですけれども、その看護師さんが病院に行ったほうがきれいに治るかもしれないということで、ご両親にも連絡を取ってとりあえずナースリールームのほうで病院に連れていくことになりました。

Eちゃんは保健室の先生の話を聞いていて、なんとなく自分にとってはいいことじゃない、怖いことが起こるのかもしれないと思ったのでしょう、病院には行きたくないと言い

すいかのたね
ねこのピート
てっちゃん
ねこのピート
からすのパンやさん
にじのきつね
おおきなかぶ
おばけのバーバパパ
はい たっち
くっついた
かたつむり
あめ
まゆとおに

始めたんですね。それはそうですよね。

そのときに、同じ2歳児のHちゃんが、「Eちゃんの大好きな『おおかみと七ひきのこやぎ』の絵本を持っていったら、Eちゃんが元気になるんじゃないか」と提案しました。本棚の背表紙だけではその絵本を探すことができず、絵本を見つけるために本を出し始めたのがきっかけでした。

私とEちゃんは病院に行ってしまったのですが、その後も2歳児の子どもたちは本を出し続けたそうです。そのとき担任の先生は、「本は大事なものだから踏まないでね」と、ただそれだけ言ったそうです。あとで写真を見ると、子どもたちはそれをしっかりと受け止めて、細心の注意を払い、本を踏まないようにして次々と本を出して並べている様子がうかがえました。

その結果、写真(右)のように絵本が並んだわけです。絵本の表紙をこんなふうに並べてみるという機会はなかなかなく、素晴らしい光景だったのではないかと思います。大きい本があったり小さい本があったり、つるつるの表紙の本があったりして、そういうことにも子どもたちは気がついたのではないでしょうか。

保育者の役割

本棚の本は、毎日子どもたちが出したり、しまったりしているので、そんなにぴしっと整理できているわけではなかったのですが、全部出したことがきっかけになって、大きさごとにきちんと並べたり、シリーズごとに並べたりして、とてもきれいに片づきました。一冊一冊見ていったので、子どもたちはきっと、「あ、こんな本もあるんだな」「あれ見てみたいな」と、次に絵本を出すときにもつながっていったことと思います。

これだけの本を出すことに子どもたちは力を合わせたのですが、片づけるにはもっと力を合わせなくてはいけなかったのではないかと思います。でも、それは「やらなければならないこと」ではない、子どもたちにとってすごく楽しい出来事だったと想像しています。

この一連の子どもたちの様子を見たときに、保育者の役割って何なのかなと改めて思いました。保育者は「大事なものだから踏まないでね」と言っただけなのですが、子どもたちは先生との信頼関係の中で、先生の言葉に耳を傾けながら、自分たちのやりたいと思ったことを表現しているということに大きな意味があります。

病院に行きたくないと思っている友だちにどうやったら寄り添えるのかな、その不安を何とか和らげてあげたいという、人を思いやる気持ちから生まれたことだったというのも、すごく大事だと感じています。

担任の先生は**その気持ちを受け止めて**、子どもたちを信じて任せてみたところ、このような光景が広がり、子どもたちはたくさんの大切な経験をすることになりました。そんなことが、じつは保育の場面ではたくさん散りばめられています。

保育の中のいろいろな「表現」

表現といって、はじめに頭に浮かぶのは、**製作を通して表現する**ということではないでしょうか。どの園でも、それぞれの年齢でそれぞれの興味や季節に合わせてさまざまな製作を取り入れていることでしょう。

この時期の子どもたちが扱う画材としては、クレヨンやパステル、水性のサインペン、鉛筆などが多く使われます。ナースリールームでは、**クレヨンは1歳児のなかごろから個人のものを持つ**ようにしています。

はじめは2歳児になった4月に、「お兄さん、お姉さんになったね」ということで渡していたのですが、あるとき1歳児の月齢の高い子が2歳児のクレヨンを見て、〝自分はクレヨンを持ってない！　自分のクレヨンを持つようになったら描くから自分はいい〟と言って、絵を描きたいのに描くことを拒否しました。

それもそうだなと思いました。大人がつけた区切りによってではなく、本人が描きたいと思ったときに自分のクレヨンが使えるように、いまは子どもたちの様子を見て1歳児のなかごろから持てるよう用意しています。

描くのは、画用紙だったりダンボールだったりビニールだったり地面だったり。本当にいろいろなものを活用して、子どもたちが描きたいと思ったときに、小さく描いたり大きく描いたりしています。そのほかに道具や素材もいろいろあって、その都度、子どもたちとのやり取りの中でタイムリーに出せるように用意しています。

子どもたちの表現に合わせていろいろな道具に触れたり、さまざまな素材を使ったりすることができるのも、保育の現場の魅力のひとつです。保育者は、これを作りたい、こんな素材に触れたり道具を使う経験をさせたいということがあるかもしれませんが、この時期の子どもたちには、やらなければならないということはありません。一人ひとりの興味や発達に合わせて、子どもたちが望み、欲したときにいろいろなものに触れ、経験を広

げていけることが大切です。

体を使って表現する

体を使っての表現は、保育者からの発信が多いと思います。童謡だったり季節の歌だったり、手遊びだったり、またダンスなどもありますね。

耳から入るものとしては、ＣＤなどで童謡をかける以外にも、オルゴールの音や、子ども向け以外の音楽もかけたりします。耳に心地いい音や落ち着いた雰囲気を醸し出すものなど、決して子ども向けである必要はありません。

いまの時代、子どもたちは気に入った歌をＣＤなどではなく、ＹｏｕＴｕｂｅで映像とともにくり返しくり返し見ているので、流行ってる歌などもどんどん吸収していくんですね。その子どもたちからのリクエストに応えていくというのももちろん大事ですが、同時に、家庭では積極的に触れないような音楽を選んでいくのもいいですね。

手遊び・歌

手遊びや歌などは、みなさん、どんな場面でやっているでしょうか？　子どもを保育者に集中させるためだけに使うには、あまりにももったいないと感じます。手遊びそのもの、歌そのものを楽しめるようなやり取りを生活の中に取り入れていけるといいでしょう。

日本の古くからの歌には美しい言葉や心地よいリズムの素敵なものがたくさんあります。保育者がそれらの歌を正確に歌うことも大切ですし、それを知ったうえで、子どもたちとやり取りしながらアレンジして、オリジナルの歌や踊りを作っていくというのも楽しいものです。

少し前、「パプリカ」という歌が流行りましたね。子どもたちも部分部分を覚えて歌ったり、きょうだいがやっているのを見て踊ったりしていたので、その年、保育者全員で練習してほぼ完璧に踊れるようにし、行事で披露しました。それには子どもたちも保護者の方たちもすごく感動してくれて、子どもたち、保護者の方々ととても楽しく、いい時間を過ごしました。

大人による表現

大人からの発信ということでは、コロナ禍の前までは年に1~2回、子どもたちにプロの演奏などにも触れてもらう機会を作りたいと、知り合いに紹介してもらいながらバイオリンやハープを演奏する方に来ていただいたり、バレリーナになった卒園児に来てもらい、踊ってもらったりしていました。

コロナ禍では外部の人に来てもらうことができなかったので、保育者がリコーダーを練習して、子どもたちの前でミニコンサートをしました。司会を担当した保育者がリコーダーの説明をしたり、音を出してみたり、楽器に触れる機会も作りました。決して子ども向けの音楽ではなかったんですけれども、30分という時間、子どもたちがとっても集中して聴いているのが私たちにも見てとれて、大変感動しました。

去年と今年は、合唱をされていたお父さんに指導をしてもらい、また数名の保護者の方も有志で参加してくださり、子どもたちの前で合唱をしました。このときも子どもたちはすごく集中して聴いていて、子どもたちにとっても大人たちにとっても、すごくいい時間になったように思います。子ども向けではないものを子どもたちが感じること、そして大人も表現してみるということが、とても大事だなと感じています。

「ことば」で表現し始めるとき

「ことば」を話さなかった子どもたちがことばを獲得し始める時期、経験を通してどんどんことばが増えてくるこの時期に立ち会えるというのは、すごくおもしろいことです。

まず、「泣く」ということです。まだ十分にことばを持ち合わせない子どもたちにとっては、泣くことは大切な表現のひとつです。

普通、大人は、子どもが泣くとあやしてなんとか泣きやませようとしますが、伝えようとしていることが受け止められれば子どもは泣きやみますし、泣くことで気持ちを表現していることもあります。泣きやませることが大切なのではなく、子どもがどんな思いで、何を表現しようとしているのか、何を伝えようとしているのかを知ることが大切です。

自分が表現したことが受け止められたり、伝えたいことが伝わったりすることで、子どもは伝わるうれしさや表現する心地よさの経験を積み重ねていきます。そして、そのことが人とかかわるうえでの喜びになったり、表現力を高めていくことにもなります。子どもが「泣く」ということについて保育者自身がどう向き合うかということが、とても大事なのだと思います。

そして、「いや」ということばですね。「いや」「ダメ」「違う」「自分で」……。「いや」をスタートにこんなことばが出てくるのではないかと思います。

世の中では「いや」と言ったら「イヤイヤ期が始まった」「大変だな」というように思う人も少なくないのですが、子どもにとって「いや」が言えるようになることはとても大事なことです。いままではそれが言えなかったから泣くことで伝えようとしたり、大人の言うことが自分の気持ちとちょっとずれているなと思っても、違うということを表現できなかったのですが、これが言えるようになることで「あなたが思ってることと、自分が思っていることとは違うんですよ」「自分にも考えがあるんですよ」ということを伝えられるようになったんですね。これは本当に素晴らしいです。

保護者の方にも伝えていますが、「いや」って言ったら1歳の誕生日と同じかそれ以上に喜ばしいこと。子どもの成長に対して心からおめでとうと感じられる、そんなふうに子どもの「いや」を受け止められる理解者でありたいなと思います。

なぜ、「いや」「ダメ」「違う」「自分で」と、短い強めのことばが出るかというと、「○○だから、いや」「自分で○○したい」というように、そのほかのことばを言うのがまだ難しいのです。そのときに、「いやじゃないでしょう」「ダメじゃないでしょう」と言うのではなくて、「そうか、○○だからいやだったんだよね」「自分で○○したかったんだね」と、その表現しきれなかった部分を大人が代弁していくことで、子どもはやがてそのことを自分で表現できるようになっていきます。

エピソード2

この間、1歳児のMちゃんとAちゃんが、それぞれイモムシのプルトイを引いて遊んでいました。すると、Mちゃんのプルトイが壊れて、足の部分がパカっと取れてしまったんですね。後ろからついていったAちゃんがそれを見て、取れたパーツを拾ってあげたのですが、拾ってくれたと思っていないMちゃんは、Aちゃんが持っているものに気づいて、「Mちゃんのっ！」と言ってそのパーツを取ったんです。

保育者は、「その取り方はちょっと残念かな」と言いながら見ていたんですけれども、パーツを取って再び進もうとしたとき、Mちゃんは自分のプルトイが壊れているということに気づきました。そうしたら、今度は壊れていないほうのプルトイがよくなって、Aちゃんの引いているプルトイを「Mちゃんのっ！」と言って取りました。

このような場面で、保育者だったら、どう声をかけるでしょうか。

このとき私もそばにいたのですが、もう見事に〝ザ・1歳児〟という感じで、自己中心性を絵に描いたような、教科書に出てきそうなエピソードだなと思いました。

これは困った出来事ではないと感じます。このやり取りの中で、このふたりは何を経験しているかというと、自分の感じたままに表現するということなんですね。それがとても大事なことなのです。また、なぜこのふたりがありのままに自分を表現できるかというと、保育者との信頼関係が育っているからなのですね。

そうやって自分を表現するから、「そんなふうに取られたら、Aちゃん、残念な気持ちになっちゃうな」とか、「急に取られたらびっくりしちゃうな」ということを伝える機会ができます。

人のものを突然取ったらダメだよというのは、大人が子どもに伝えたいことですが、それをことばで教えられて頭で理解するのではなくて、経験を通して感じることが大切です。

そのときの自分の思い、相手の思い、取りたくなっちゃった人の気持ちも取られちゃった人の気持ちも経験して育った人は、頭でいいか悪いかを考えるのではなく、ちゃんと相手の気持ちに共感しながらかかわることができます。そのような経験の積み重ねが、最初に紹介したエピソードの「友だちが困っているときに、何か自分が助けられることはないかな」という発想につながっていくのだろうと思います。

「いや」「ダメ」が出始めるこの時期は、保護者も「こんなことをして、ほかの人に迷惑をかけていないかな」「この子は悪い子って思われちゃわないかな」と、言葉にできない思いを抱えていることが少なくありません。でも、子どもが成長の過程でいまどんな経験をしているのか、それを保育者がどうとらえて、どうかかわっているのかを保護者にきちんと伝えることで、「自分の子は困った子じゃないんだ」と安心したり、自分もわが子のことを理解したいという気持ちにつながっていったり、こういう経験を通してわが子がどのように成長するのかを楽しみにできるようになります。

そして、わが子が自分から離れている時間、肯定的なまなざしの中で育っているということは、保護者にとって大きな安心感につながるのだと思います。「こんなエピソードはわざわざ親に伝えなくてもいいかな」というのではなくて、こんな経験をしながら子どもが育っているということを、丁寧に保護者と共有していくことがとても大切です。

また、ことばを獲得している時期ですから、本当におもしろいことばがいろいろと聞かれます。

エピソード3

私が担当していた子に、「たくさん」という単語をまだ覚えていなくて、すべて「いっこ、にこ、さんこ」という子どもがいました。「いっこ、にこ、さんこちょうだい」と言うので3個あげると、「違う、いっこ、にこ、さんこ、ほしいの」と言います。そこで、「そうか、たくさんほしいんだね」と、「たくさん」ということばを伝えながらかかわりました。

言う相手が変わると伝わらなかったりするんですけれども、「いっこ、にこ、さんこ」と言って伝わらなかったときに、「あ、そっか、先生はたくさんって言ってたな」ということで覚えていきます。だから、この「いっこ、にこ、さんこ」を否定することなく、どんな経験につながっていくのかを待つのも楽しいと思います。

子どもの話し方は、一番身近で見ている人、ご家庭だったらお母さん、だんだん大きくなるとお父さんの口調に似てきたりしますが、保育園では担当の先生のことをよく見ているので、その口調にも似てくるように思います。保護者の方からも、「先生（担任）の話し方に似てますよね」という話が出たりします。それは微笑ましいことではあるんですけれども、喜びとともに緊張感をもって受け止めていく必要がありますね。

多くの時間を子どもと過ごす保育者は、自分の発している言葉、使っている表現、自分の持っているボキャブラリー、そういったものが身近にいる子どもに大きな影響を与えます。まず保育者が自分自身の表現について振り返って、その表現力を磨いていくことも大切です。

エピソード4

次は少し前にあったエピソードで、「まあるいことば」というのがキーワードになります。2歳半を過ぎたGちゃんは自己主張がはっきりしてきて、それは大変喜ばしいことなんですけれども、日々Gちゃんの「Gちゃんが！」「Gちゃんの！」「ダメ！」ということばが響いていたんですね。そんなときに、こんなやり取りがありました。担任の先生が書いた連絡帳から抜粋します。

〈友だちと一緒に過ごしていると、強い思いがあるがゆえ、「Gちゃんがー!!!」「ダメー!!!」と強めの口調が響きます。
「今度は、まあるいことばでお話ししてはどう?」と提案してみました。「Gちゃんも」とか、「ダメよ」とか、「やめてね」とかはどう？　という話に、にっこり微笑んで聞いています。その後、思わず出てしまうときに、「まあるいことばはどうかな?」と伝えると、にっこり笑って言いかえていました。〉

それに対して、お父さんが書いてくださった文章です。

〈情熱的な自己主張はときに周りを脅かしていると思います。「やさしく話そうね」と言っても、なかなか難しい問題でした。（中略）強い口調で言ってはいないかとヒヤヒヤして見ています。まあるいことばというのは本人にとてもピッタリくるものがあったらしく、家でもいろいろ言いかえています。同時に我々もまあるいことばを使わないといけないということに気づきました。〉

子どものことを何とかしようとするのではなくて、子どもを通して自分たちの表現にも気をつけないといけないなということを、こんなにストレートに表現されていて、私は感動してしまいました。やがて子ども自身が成長してこれを読んだときには、大事に育てられたんだなと温かい気持ちになるだろうと思いました。

子どもたちは絵本や紙芝居などの物語の中からも、たくさんのことばを拾ってきていると感じます。あちこちから情報を収集し、吸収していますね。

あるとき、ひとりではトイレに行きたくないけれども、Kちゃんという友だちが一緒だったらトイレに行きたいという子がいたんです。そのことをKちゃんに、「Kちゃんと一緒にトイレに行きたいんだけど、ご一緒していただいてもいいですか」と言ったら、Kちゃんが「もちろんいいよ、来る日も来る日もいいよ」って言ったんですね。

もちろんいいよ、という言葉だけではなくて、「来る日も来る日もいいよ」ということばに、一緒に行きたいという子どもも温かい気持ちになったと思います。また、こんな使い方ができるんだな、やっぱりことばって使って生きたことばになっていくんだなと思いました。

絵本や紙芝居を読んでいても、意外とその中のことばは保育者の頭に残らず、流れてしまっていることがあります。**保育者がことばに対して敏感さを持つ**ということも大事だなと感じた出来事でした。

豊かな表現を支える保育者の役割

エピソード6

0歳児室にいる1歳児低月齢の子どもが、絶妙に押し車を傾けながら、ずっと外をぼーっと見ていました。この子は保育室の穴蔵のようなところにもよく入り込んで、親指をしゃぶって、反対の手の人差し指で髪の毛をくるくるくるくるしながら、一見ポーっとしているように見えることがよくありました。

担任の先生は、遊びに誘ったほうがいいのかな、1対1でかかわったほうがいいのかなと、ちょっと迷っていました。でもどう見ても、その時間がこの子にとって困っていたり、迷っているようには見えなかったんですね。だから、担任の先生は〝いつでも見ているよ〟〝そこにいるのをちゃんと知ってるよ〟〝困ったときにはいつでも助けに行くね〟と、そういった肯定的なまなざしを定期的に向けながら、その子がそうやっている様子をじっと見守ってみることにしました。そういうまなざしに、子どもは**受け止められている、認められているという安心感**を持ちます。

何もしてないように見えるけど、こうしているときほどこの子の頭の中はとても忙しかったのだと思います。だから自分の感じたり考えている時間をそっと見守り、保障していくことがとても重要です。そして、自分から「あのさ」と話し始めたり、動き始めるときを見逃さずに寄り添うことが大切です。

決してみんなと一緒である必要はないし、子どもだからといってキャッキャッと遊んでいなくてもいいし、**それぞれの気持ちいい過ごし方**というのがあります。

保育者がこれを「何もすることがない」「遊びが見つけられない」と受け止めてしまうと、この子にとってはまったく意味の違うことになってしまうわけです。

自分の物差しだけで見るのではなくて、相手の物差しに自分を置いてみて、この時間がどういうものなのかな、この子にとってどんな意味があるのかなということを考えていくことが、保育者として大事なのです。

エピソード７

次は、１か月にわたるエピソードです。

井形ブロックで働く車を作るのが大好きで、カーキャリアやゴミ収集車などを、見事にリアルに表現して作っていた子がいました。毎日朝からずっと集中してやっていて、ブロックのかなりの量をこの子が使っていたのですが、だれもそのことに対してはあまり口出しはしませんでした。だんだんと棚の上にその子の世界がくり広げられていって、毎日作っていたものをそのままにして帰り、翌日も遊びが続いていきました。

途切れることのない遊びを大事にする一方で、担任の先生もこのままでいいのかなとは感じていました。でも、ほかの子が何も言っていないのに、保育者のほうから口を出すのもどうかなと、迷いながらも見ていました。

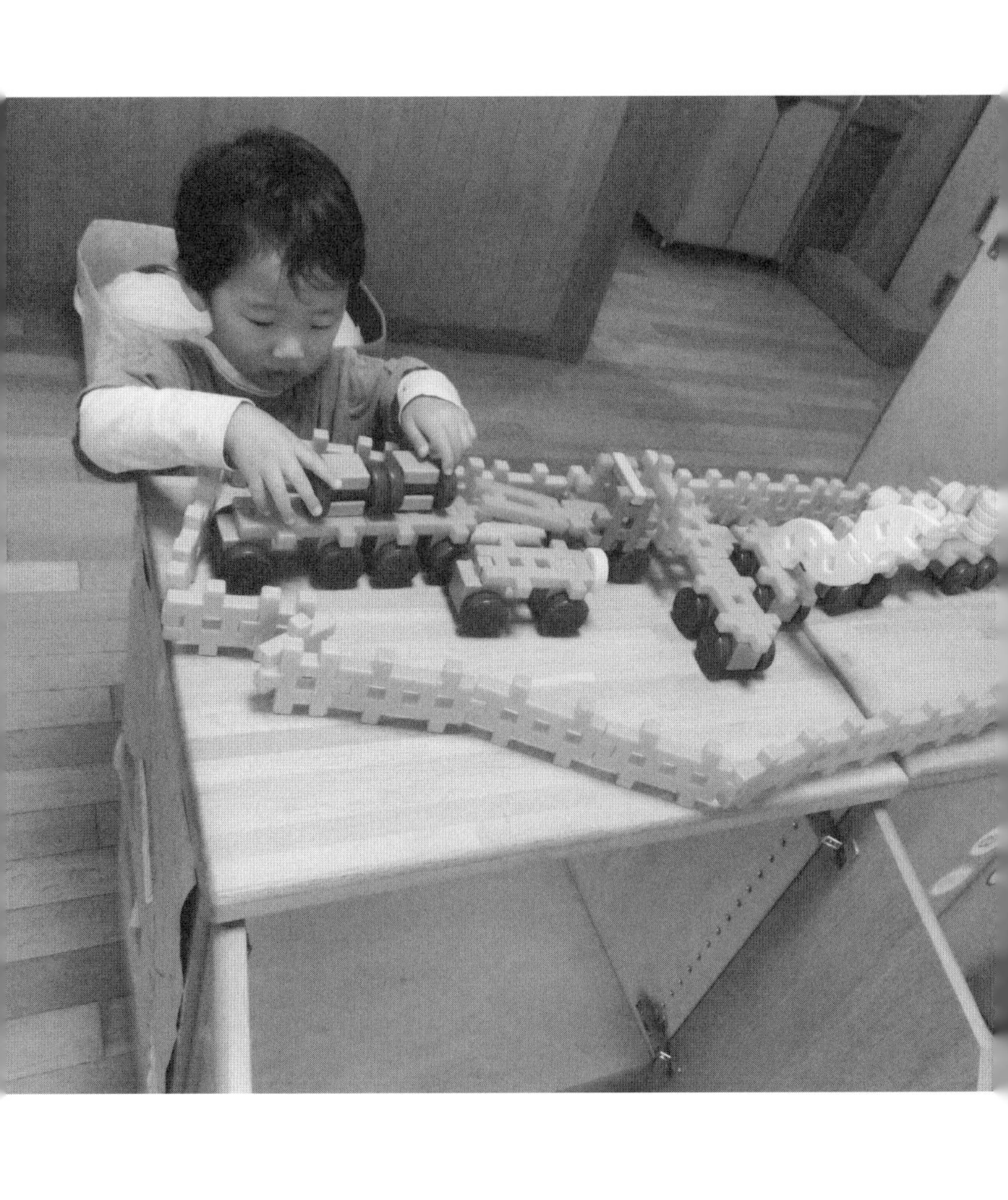

ある朝の送迎時、その日たまたま来たあるお父さんが、この子が作った車のクオリティーがあまりに高いので、それを手に取ったんです。それまでだれも触らなかったというか触れなかったんですけれども、それを見てほかの子が「触ってもいいんだ」と思ったのでしょう、堰を切ったように触り始めました。

車を作った子は自分の世界を触られ、並べていたものが崩されていくのを見て、一緒に来ていたお母さんのそばで激しく泣き始めました。触ってしまったお父さんも困ってしまって、これは大人が多数絡むと子どもたちにとってはあまり望ましい方向にいかないのではないかと思い、担任の先生が、ここはもうお任せくださいといって保護者には仕事に行ってもらいました。

その後、「じゃあみんなで話し合いをしよう」ということで、どんぐり会議（2歳児クラスの名前が〝どんぐり〟というので）をすることになりました。

その中では、「いろんなものが作りたい」とか、「素敵なものが作りたいんだ」とか「自分もブロックをしたかった」など、それぞれのいろいろな思いが語られました。その数日前にちょっとトラブルがあったんですけれども、「自分はブロックを使いたかったからこの子のことをパンチしちゃったんだ」というものもありました。どんぐり会議の中で子どもたちが自分のことばで自分の思いを表現し始めました。

そのうちのひとりに「作ったもの、本当はそんなに大事じゃないんじゃない？」と言った子がいて、「何でそう思うの？」と担任の先生が聞いたら、「(自分の思いを)何も言っていない」という意見も出ました。これは、大人ではなかなか言えない、深いことばだったと思います。

その後、作られたものは一旦バラバラになり、ブロックも片づけることなくほとんどの2歳児はそのまま庭に出ましたが、車を作っていた子はそのままになっていたブロックを自分で拾って、もう1回組み立て直して、それから庭に出ていきました。そのときの顔がとってもすがすがしくてすっきりしていたと、担当の先生が言っていました。

そのあとからは、ブロックを全部自分で使うのではなくて、友だちと一緒に分け合ったり、広いスペースを使うのではなくて、ここは自分が使うけど、ここは○○ちゃんが使っていいよ、というように譲り合ったりするようになったそうです。

そのやり取りには明確な答えがあったわけではないけれども、それぞれの思いが表現されたことで、子どもたちの中にすごくすっきりした気持ち、何かがあったら伝えればいいんだ、相手の思いには耳を傾けるんだと、そんな経験につながっていったのではないかと思います。

保育の中では一見トラブルととらえられてしまったりするのですが、これも子どもの成長の過程のひとつの出来事と考えると、子どもが表現したことをどう成長につなげるか、どう経験につなげるかということが、保育者の大事な役割だといえます。

「心が動く」その瞬間を見逃さずに寄り添う

中秋の名月のころに、子どもたちが大きな丸い紙に色を塗って、自分のお月さま「マイお月さま」を作りました。ローラーで、筆で、紙全体に色を塗っている子、真ん中にだけ色を塗っている子、どれがいいとか悪いとかではないですね。それぞれのお月さまに、それぞれの個性が感じられます。

子どもたちが自由に作ったものは一個一個見るとどれもみな違います。保育者がそれをどう解説できるかによって、保護者の受け止め方は違ってきます。

この子はこの色が好きだったんだとか、すき間があるといやなんだなとか、いろんな色で飾るのが好きなんだなとか、そういった子どもの個性やこだわり、やっているときの様子などを丁寧に伝えていくことで、保護者の子どもを見る目や理解が変わっていきます。

子どもには、やらないという選択肢ももちろんあります。やらない子が悪いかというとそんなことはないですね。ただ、その子がやらない理由というのは、保育者は把握しておく必要があります。興味がないのか、できないからやらないのか、だれかが一緒にやってくれればやるのか。うまくできなかったらどうしようという不安からやらないのか。できないのか、やりたくないのかということを把握すると、アプローチの方法も全然違ってきます。

子どもは、その瞬間瞬間に向き合って生きている中で、たくさん心が動いています。その「心が動く」ということがすごく大事で、「そのことを表現したい」という気持ちを大切に育てていきたいと思っています。そのためには、伝えたいと思うこと、だれかと共有したいと思うこと、そのことが心地いい、気持ちいいと思う経験を積み重ねていくことが大事だと思います。

そして、子どもが感じたときに自由に表現できるということも大切にしていきたいことです。大人が設定したときではなくて、表現したいと思ったとき、何かを作りたいと思ったとき、何かを伝えたいと思ったときはその子が感じたときですから、その瞬間を見逃さないように寄り添っていきたいですね。

以上で表現についてのお話を終了させていただきます。ありがとうございました。

第八講のポイントまとめ

- □ 子どもたちの表現に合わせて、いろいろな道具に触れたり、さまざまな素材を使うことができるのも、保育の現場で表現をする魅力のひとつ。

- □ 子ども向けではないものを子どもたちが感じること、大人も表現してみるということがとても大切。

- □ まだことばが十分でない子どもの、表現できない、表現しきれない思いを知り、その部分を代弁していく。

- □ 子どもの心が動いたときに、自由に表現できることを大切に。「表現したい」「伝えたい」と感じるその瞬間を見逃さないように、子どもに寄り添う。

第九講

保育の魅力

〜現場の役割と可能性〜

こんばんは。今回が最後の講座ということで、保育の魅力について、「現場の役割と可能性」というテーマでお話ししたいと思います。

保育の魅力をまとめることはなかなか難しいなとは思うのですが、私自身、日々子どもたちとかかわりながら、保育って大切で、そしていい仕事だなと感じながら過ごしているので、今日はそれを3つの視点から考えていきます。

ひとつは未来に携わるということ、ふたつ目はともに育ち合うということ、3つ目が、いまの保育の現場における役割についてです。

子どもたちの未来に携わるということ

保育の中では、「いま、やっていることが正しいのかな」という答えの出ない部分がたくさんあって、そこで保育者は悩むことが多いのではないでしょうか。

曖昧で答えがないものに対する不安というのは、おそらく保護者も同じだと思います。ですから、何ができるようになった、何を覚えたというような目に見える育ちについつい走りがちなのですが、そうではなく、子どもの、目には見えない育ちをどうとらえるか、信じられるかということが、とても大切です。

この大切なことは、じつは子どもの様子を丁寧に見ていると子どもが教えてくれることも少なくありません。ここではふたつのエピソードを通して、私たちが子どもたちから学んだことをお伝えしたいと思います。

まず最初に取り上げるのは、ある年の10月に起こった2歳児と1歳児のやり取りのエピソードです。じつはこのエピソードは、私たち職員の中ではその8か月前の出来事とつながっていました。

まず、2月のエピソードから紹介します。

エピソード1

2歳4か月のYくんと2歳9か月のTくん。

Yくんというのはすごくやんちゃで、動きも大きくて泣いたり怒ったり笑ったり、感情の振り幅も大きな子でした。どちらかというとワイルドなタイプかなと私たちは思っていました。一方で、積み木やままごとの道具などは規則的に並べることにこだわるという一面もありました。

Tくんはお花をうっとりと眺め、ゆったりのんびり穏やかに過ごすことが多いタイプでした。

そのYくんとTくんが庭で押し車に積み木を載せて遊んでいました。

きっちりと積み木を並べたYくんは、たくさんの積み木を一度に運んでいくことができます。でもTくんはごちゃごちゃに積んであるので、動かそうとすると積み木がどんどん崩れていってしまいます。この段階では保育者は声をかけていません。Tくんが何をしたいかもわかっているし、なにをしてあげたらいいかもわかってはいるのですが、あえて手を出していません。そのことが、子ども一人ひとりが自分の個性を発揮しながら、いろいろな感情を経験をすることを保障していることになるのだと思います。

でも、Tくんがだんだんイライラしてきて一緒に遊べなくなってきたので、保育者は並べ替えるきっかけになるよう積み木をいくつか積み重ねて見せました。これは私がかかわったものではなくて、第三者として記録を見たわけですけれども、この「一部だけ並べる」というところが素晴らしいなと思いました。

それを参考にしてTくんは積み木を積み重ねていって、Yくんと並んで移動できるようになりました。こんなふうにしてこの日は一緒に積み木で遊びました。

そして、それから8か月後のエピソードです。

Tくんはきれいに、高く積み木を積めるようになっていました。それを1歳児が「わーっ」と言って尊敬しているようなまなざしで見ていました。その1歳児のまなざしは、Tくんにとってもすごく自信になったと思います。

Yくんはそれを見に来て「そうとう高くなってる」と言って、Tくんのやっていることを認めています。じつはそのYくんは、ちょっとまた並べ方がグレードアップしていて、四輪の押し車ではなく二輪のリヤカーに積んでバランスを取って運ぼうとしていました。ふたりともそれぞれに遊び方が進化してるんですね。

積み木を高く積み重ねて慎重にTくんが押し車を動かすと、積み木は半分ほど崩れてしまいました。このときにYくんは「あはは！　大変だね。地震が起こった！」といって受け止めるんですね。状況とかそのときの感情によっては、人が一生懸命やったのが崩れたのに笑うなんてひどいと思う場面もあるかもしれませんが、このときはYくんが笑ってくれたことで、「ああ、これはおもしろいことかもしれない」と、Tくんの一瞬キュッとかたくなった気持ちも緩んだのだと思います。

そのふたりの様子を、離れたところからじっと見ている子がいました。1歳児のRくんです。そしてこの崩れたのをきっかけに、Tくんのところにやってきて、Rくんは持っていた積み木をその崩れた積み木のところに投げ入れました。

Tくんはこのとき、崩れた積み木をまた積み直そうとしていました。それを横で見ながらRくんは、再び5個の積み木を崩れた積み木のほうに投げ入れて、6個目はTくんが積み直した積み木のほうに投げ入れました。Tくんは何も言わずに、自分のほうに投げ込まれた積み木を積み直していきます。Rくんがそれをじっと見てから、7個目の積み木をTくんの積んだ積み木のほうに投げようとしたところで、Tくんはそれを止めたり怒ったりはしないで、「ここに、ぽいってしてくれる?」と言って、積んで見せてRくんに伝えたんですね。その様子をYくんも保育者も見ていました。Rくんはそれを聞いて、Tくんのやるようにそっと積み木を積みました。

このあと、ふたりで一緒に力を合わせて高く積み重ねていきます。Rくんも、そのうち「これはタテ?」などとTくんに聞いてから積むようになっていくんですね。手が届くか届かないかの、もう十分という高さになると「もういらないよ」とTくんがRくんに言って断って、そしてテラスの端まで無事に積み木を運んでいくことができました。

このとき、複数の保育者がそのやり取りをずっと見ているんですけれども、だれひとり、このふたりにかかわることをせず、子どもたちに任せていました。状況もわかってるしTくんのやっていることもわかっているし、Rくんの気持ちも何となくはわかっているんですけれども、だれも一切かかわりませんでした。それは、言葉を交わしてはいませんが、保育者間で共通の意図があったのだと思っています。

Rくんは Tくんの遊びに興味がありましたが、おそらくどうやってアプローチしていいかわからなくて投げるという行為に出たのでしょう。そのときに「投げないで」とTくん

（記録動画より）

は言わないし、「投げたらダメだよ」と保育者も言わない。保育者は、きっとRくんが何らかのことをTくんに伝えたいんだと思って様子を見ています。

Tくんは Rくんの行為と気持ちを受け止めて、受け止められたRくんがTくんのことばに耳を傾け、Tくんとともに積み木を重ねることができたというところでは、Rくんの満足度がすごく高かっただろうと思います。

私たちは毎日毎日、大事なことを伝えながら子どもたちにかかわっていますが、それはすぐには答えが出ないわけですよね。**この出来事は子どもの中に育っている、目に見えないものの育ちを感じることができた瞬間**でした。

またYくんも、Tくんとすごく仲がいいのですが、何も言わない。崩れたこともRくんが積み木を投げ入れたことも知っていて、Tくんから発信があったら行くと思うんですけれども、Tくんの様子を見ながら、Tくんが何も言わない限り見守っていました。YくんがTくんとRくんを見ているまなざしは保育者と重なってる部分があって、大事なものって伝わっているんだなということを感じることができたエピソードでした。

エピソード２

次は、実習生からの質問が考えるきっかけになった、エピソードです。

食事の時間、Ｋくんが空っぽになった小鉢を保育者に見せようと、それを口にくわえたまま立ち上がったとき、その小鉢が落ちて割れてしまいました。その後、Ｋくんは割れた小鉢を見ることもなく調理室のカウンターのところに行って、調理の先生とまったく関係のない話をしていました。保育者はＫくんには一切声をかけずに割れた小鉢を片づけていました。保育者っていうのは私なんですけれども。

そのときに実習生が入っていて、午後の反省会のときに「なぜＫくんに声をかけなかったのか、きちんと割れたことと向き合わせて話をしないのはなぜか」という質問を受けました。保育は待ったなしで進んでいくので、そのときに意図があったとしても、自分の保育すべてを振り返ることはできません。実習生から質問されることで、自分の保育を振り返るきっかけになります。

私もなんで声をかけなかったのかなと考え、実習生には、そのときに解決しなくてもいいこともあるし、調理の先生と話をしていたＫくんの様子から、だれに言われなくても彼は十分に「失敗してしまった」「お皿が割れてしまった」と心が揺れていたのではないかな、それを追い打ちをかけるように何か言う必要はないのではないかな、と答えました。

翌日の食事のとき、Kくんがだれに言うでもなく、「割れちゃうからそっとね」と、自分に言い聞かせるように食器を片づけていたのを見て、ああ、こんなに自分の心の中で感じていたんだから、あのとき声をかけなくてよかったなと思いました。

実習生と話をしていて、子どものいまだけでなく、過去と未来にかかわることができるのが保育の仕事ではないかと思いました。保育者は今日の子どもだけでなく、昨日までどんなふうに過ごしていたか、一人ひとりの子どもがどんな個性を持っているかを知っています。また、今日の出来事を明日へ、さらにその先へつなげていくこともできます。毎日過ごしている保育者だから、子どもの過去と現在と未来をつないでいくことができるのではないかと考えました。

◇◇◇◇◇

子どもとともに育ち合うということ

◇◇◇◇◇

保育の仕事は、いつになったら一人前になるのかなという思いを持っている人は多いと思います。養成校を卒業して資格を取ったからといって、すぐに一人前の保育者として働くというのはなかなか難しいことでしょう。経験を積み重ねていくだけでなく、経験をしながら学び続けるということがこの仕事の魅力でもあり、大切さでもあります。

その学ぶ素材というのは、特別な何かではなく、自分の周りに満ちあふれています。保護者から学んだり、子どもから学んだり、先ほどのように実習生から学んだり。もちろん同僚から学んだり、活字から学んだりということがあると思います。毎日の生活を振り返ってみても、そこにはたくさんの学びの種があります。

ここで、保護者の方と共有するために発信したいくつかのエピソードを、そのままの形で紹介します。

エピソード3

「ママだけ」（2歳児）

〈弟が生まれて間もないKちゃん、朝、お母さんと別れるときに決心が必要です。「ママがいい」「ママ行かないで」というやり取りの時間が続きました。同じどんぐりさん（2歳児クラス）のWちゃんやSくんも近くで様子を見ていました。遊び始めてしまえば楽しくて笑いが絶えないKちゃんです。

「抱っこできる人はここにもたくさんいますよ」「WちゃんもSくんも佳代子先生も！」。おどけて手を差し伸べると、Kちゃんもちょっと笑います。

WちゃんもSくんも一緒に手を出していましたが、はっとしたようにWちゃんが手を引っ込めて、「Kちゃんを抱っこできるのは、Kちゃんのママだけだよ」と言いました。〉

倉橋惣三（くらはしそうぞう）先生の『育ての心』の中にある「こころもち」のところが学生のときから大好きで、子どもの言葉にならない心持ちに気づけるようになりたいと思い続けていました。にもかかわらず、私がここでやっていたことはまったく正反対のことでした。そのことを、Wちゃんの言葉によって気づかされました。本当にその通りだと感動したのと同時に、恥ずかしい気持ちにもなりました。

Wちゃんのことばを聞いて、Kちゃんはお母さんからするするっと自分から降りて私のところに来ました。自分の本当の気持ちを受け止めてもらえた、わかってくれる人がいたということに、Kちゃんは安心したのだと思います。

私のやろうとしていたことはKちゃんへの共感ではなくて、Kちゃんをママから離すための手段だったということに気づかされました。Wちゃんのそのひとことに私自身、背筋がピンとなるような思いがしました。

エピソード4

「せんせい怒りすぎ」（3歳2か月）
〈3歳2か月のIくんが「せんせーやって…」と足を放り出して、靴を履かせてのリクエスト…。もうすぐ幼稚園だし…できないわけでもないし…任せてみるかと「え〜、自分でできそうじゃないですか？」と手伝いに行きませんでした。
だんだん本格的な涙になり、「先生やって！」とのこと。そのやり取りを見ていたMちゃんが私の耳元で「せんせい、ちょっと怒りすぎじゃない？」とつぶやきました。「自分でできるかなと思って任せてみたんだけど、Mちゃんとしてはやってあげたほうがいいと思う？」と尋ねると。「うん」とのこと。「失礼しました。Mちゃんから履かせてあげたほうがいいですよって教えてもらったので、お手伝いします！」と言って、私はIくんの靴を履かせました。〉

保護者の方には、何度も何度も「先のことを見て、いまをおろそかにしてはダメですよね」というお話をしてきたんですね。幼稚園に行くために何かができなくてはいけないとか、ここまでできるようになってから、育ててから幼稚園に送り出したいとか、そういうのは大人の身勝手な感覚で、子どもにとっては全然関係ないことで、いまを大事にしなくてはいけなかったのに、言っていることとやっていることに大きな矛盾がありました。

こういう場面は、じつは保育園でたくさんあると思います。もうできるはずなのに、できるようになったのに、そろそろちゃんと自分でやったほうがいいのではないかなと。でもこの時期の子どもたちがそこでできなくても一生できないということはなくて、子どもが「やって」って言ったときにやってあげることに何ら問題はないのではないか、そのことのほうが、その瞬間の子どもの気持ちに寄り添っているのではないかということを改めて考えさせられた出来事でした。

エピソード5

「友だちの思いを感じとる」（0歳児）

〈お部屋の中で遊んでいるときに、DちゃんとHちゃんがぶつかり、Hちゃんが涙。ふたりとも尻もちをついたのですが、Dちゃんが保育者のひざで泣いているHちゃんを心配してのぞき込んだり背中をさすったり、ティッシュで涙を拭いたりしていました。

その様子を見ていたSくん、保育者にティッシュを取ってほしいとリクエストがありました。ティッシュを取ると、Dちゃんと同じように心配そうにHちゃんの涙を拭いてあげました。そしてそれからDちゃんの頰も拭ってあげました。自分とぶつかって泣いていたHちゃんをとても心配そうに、そして困った表情で見ていたDちゃん。すべてを見ていたSくんには、Dちゃんの心の涙が見えたのかもしれません。

1歳4か月のDちゃん、1歳6か月のHちゃんとSくん、この3人のやりとりには、大事な仲間に対する温かい思いがあると感じました。〉

これは連絡帳に書いたエピソードです。

どうしても保育者は泣いている子に目が行きがちだと思います。でも、ふたりがキャッキャキャッキャとやり取りするのをずっと見ていたSくんは、Dちゃんもきっとすごく悲しい気持ちになってるんじゃないかなと思って、涙の出ていないDちゃんの頰を拭いてあげたのでしょう。私も、ああそうだったなって、**泣いているからではなくて表面に見えないその心をきちんと受け止めていなくてはいけなかったな**と思いました。

この3人は月齢も近いので、楽しく遊ぶこともぶつかり合うこともすごく多いのですが、その中で担任の先生たちが丁寧に代弁したり、気持ちと気持ちをつないでいったりした、そういうやり取りの結果が、Sくんのこのような行為につながっていったのでしょう。

次のエピソードは、私が0歳児を担当していたときの出来事です。この日は2歳児のTくんが乳児室に来て、0歳児のKくんと一緒に食事をしました。

エピソード6

「人の思いを感じるこころ」（0歳児と2歳児）

〈ある日のお食事のときのこと。幼児室からTくん（2歳）が来て、Kくん（9か月）と一緒に食事をすることになりました。Kくんは食べることが大好きですが、おかゆはちょっぴり苦手です。食べないわけではないのですが、口に入るたびに「ガーッ!」（これは好きじゃないよ!）という声が上がります。

それを見ていたTくんは、保育者がおかゆをKくんの口に運ぼうとすると「ダメ!　やめて」と真剣な表情で訴えて止めようとします。「お豆腐にして」とKくんが喜んで食べるものをあげてほしいというのです。

お豆腐をあげながら「でも、お粥食べないとおなかすいちゃうんだよ」と話すと、Tくんはちょっと困った顔になりました。そこでふたりで相談し、おかゆをあげるときには、「K

くん、おかゆですけどいいですか？」と声をかけることにしました。するとKくんはそれを聞いて、口を大きくあけておかゆを食べ、「ガーッ」ではなく、「残念」といった様子で首をがっくりさせます。おかゆを食べるたびに首をがっくりさせます。その様子を見てTくんと保育者が笑うと、その期待に応えるようにKくんは首をがっくりさせます。これはご家庭では見られない姿だったそうです。ナースリーでもこの日と翌日に見られただけでした。またそれ以後、Kくんはおかゆをほかのものと同じように食べるようになりました。

Tくんと Kくんの直接のやりとりはありませんでしたが、Tくんの様子からKくんのことを思う気持ちは伝わっていたのではないかと思います。

もしかしたらこの出来事がきっかけで、Kくんもおかゆを食べるようになったのかもしれません。〉

Tくんの言葉で、私自身がやろうとしていることを考えたり、振り返ることができました。嫌がっていることをやめてあげて、ということはとても自然なことのように感じます。でも、先を見通せたりバランスを考えることに慣れてしまっていることで、嫌だなと言っていることを、でも仕方がない、だってこれを食べないとおなかすいちゃうよと言いながらやってしまっている自分がすごく怖いと感じました。Kくんにはおそらく、Tくんが自分の「いやだ」という気持ちを受け止めてくれたということは伝わっているのではないかなと思います。

2歳のTくんと9か月のKくん、そして大人であり保育者である私が、それぞれの立場で対等な人としてやり取りをした出来事だと感じます。

子どもに慣れてしまっていると、うっかり大事なことを忘れてしまうというのは保育者にはありがちです。たとえば、実習生だったら同じような場面で、「いやだって言ってるのに口に入れちゃっていいのかな」「いやだって言ってたら、口に入れられないな」というふうに戸惑ったり、迷ったりすると思うのです。

どんなときにも常に子どもの立場に立って考えるというスタンスは大切にしなければなりません。特に経験を重ねれば重ねるほど、謙虚な気持ちで子どもと向き合わなければならないと思いました。

ナースリールームのある東京家政大学は養成校なので、毎年大人数の実習生が入ってきます。その実習生が純粋なまなざしで子どもを見ている姿から学ぶことは、本当に数限りなくあります。

〈実習生が食後の子どもの口を拭いてあげるときの光景が目に入りました。そっと背中に手を添えて、指におしぼりを巻き、そっとそっと拭いていていました。〉

子どもたちの柔らかい頬、柔らかい皮膚を、本当にそっと、やさしい手で拭いていました。そして子どもがとっても気持ちよさそうに拭かれていました。

先ほどもいったように、私たちが子どもに慣れてしまったことで、うっかり忘れていることがあるのではないかなと思いました。

保育現場の役割

いま、いろんなところで少子化が取り上げられています。でも、子どもが少なくなっているからといって保育現場の役割がなくなるわけではありません。むしろ、もっともっと保育現場の役割というのは大きくなってくるのではないかなと思っています。

私たちが育てているのは「人」なんですよね。将来、自立して生きていく人を育てています。

資格さえあればだれにでもできる、子育て経験さえあればだれにでもできる、人と場所さえあればできると、社会では保育の仕事が軽視されているのではないかな、正しく理解されていないのではないかなと感じるときがあります。

保育園は、大人の都合で預かるだけの場所ではありません。子どもにとって、保育という専門性を持っている保育者との日常の生活は、家庭だけでは経験できない豊かなものであるはずなんですね。また、そういう毎日にしていかなければならないというものでもあると思うんです。

今日まで9回にわたってお話ししてきましたけれども、ここでは伝えきれないたくさんの専門性が保育者には必要です。そういった意味ではもっと保育者の社会的地位が上がるといいなと思います。

私もそうですが、保育の中で悩んだり考えたりしながらいろいろなことを乗り越えて、子どもたちと向き合っている方たちがたくさんいます。最後に、そういう方たちと思いを少し共有していけたらと思います。

私が保育の仕事を始めて3か月ちょっと経ったとき、七夕飾りの短冊に私は「キャリアが欲しい」と書きました。先輩保育者に「これはちょっと違うかな。もう1回考えてね」と、この願いごとは返ってきました。

大学を卒業してナースリールームに就職して本当に保育が楽しくておもしろくて、でもそれと同じかそれ以上に焦りがあって、知識は全然足りない、経験も足りない、保育の経験だけじゃなくて人間としても未熟だということを痛切に感じていました。そんな自分が子どもと向き合っているのが申し訳ない、経験を積んで早く一人前の保育者になりたいと思っていた気持ちが、短冊の「キャリアが欲しい」という言葉になりました。

先輩保育者はそれは違うよと。「1年目には1年目のよさがあって、5年目には5年目のよさがあって、10年目には10年目のよさ、役割がある。先のことばかり見てると、いま大事にしなければいけないことを見失うよ」と教えてくださいました。そのときは、そのことの本当の意味はわかっていなかったと思います。そんなものなのかなと思って、その焦りや、知識が足りない、経験が足りないという思いが解消されたわけではありませんでした。でも、いまの一瞬一瞬、毎日毎日を子どもに誠実に向き合っていくことが大事なのだと感じて向き合うことができました。

保育の仕事は経験に関係なく、1年目からベテランの先生たちと同じ仕事内容を求められます。その中で自ら育っていく、お互いに育っていく、職場に育てられていくというさまざまな要素があると思います。

職場で若い先生たちはもちろん自分で育っていくことが大事ですけれども、若者が育っていける環境に職場がなっているのかなということも、ベテランの先生たちには大事に考えていただきたいなと思います。

私が仕事を始めたころ、大学の先生に、「1~2年目はだれでも大きく伸びる。なぜかというとはじめての体験の中で経験を積んでいくからで、その後は少し緩やかになるかもしれないけれども、5年目までは伸びていく。それ以後は自分次第」と言われました。それまでの経験に甘えて子どもと向き合っていることで、それはだんだん右肩下がりになっていってしまうんですよね。5年以降も右肩上がりに伸びていきたいとなったときに、自分で何をすべきかということが見えてくるのではないかなと思います。

保育者は、子どもに育てられています。私自身、自信なんて全然持てなくて、これでいいのかな、これで大丈夫なのかな、いま私はなすべきことができているのかなという不安とは、常に一緒に生活しているようなものなんですね。

でも最近、子どものある言葉にすごい勇気をもらいました。

胃腸炎の風邪になって、もう症状はよくなってきたけれど、吐いたことが怖くてごはんが食べられなくなってしまっているというお子さんがいて、保護者の方から「何も口にしなくて……」と相談がありました。その子はだしがたっぷり効いたものがすごく好きだったので、「おだしを飲んでみたらどうですか」と提案してみたところ、飲んだそうなんですね。

飲む前に「これ、本当に佳代子先生のおすすめなの?」ってその子が確認したそうなんです。「佳代子先生のおすすめだよ」って言ったら飲んでくれたと連絡帳にも書いてくださいました。

そんなふうに信頼を寄せてくれてたんだな、いつも子どもと誠実に向き合って、あなたのことをわかりたいと思っている、あなたにとって嫌なことや困ったことがあったら守るからねっていう、そんな姿勢が伝わっていたんだなと思いました。このような出来事に、

子どもたちから「大丈夫だよ」と言ってもらったのかなと感じています。

保育の中では、これでよしと思えることはそんなに多くないかもしれませんが、日々、丁寧に子どもたちとやり取りしていくことで、積み重なっていることは必ずあると思います。そしてそのことは子どもたちにとっても自分自身にとっても、未来につながっていくと思います。


つたないお話を毎回毎回聞いてくださったみなさんに心から感謝申し上げます。このような機会があることで自分の保育というのを改めて見直したり、勉強し直したりすることができました。また明日からもやはり同じ気持ちで子どもたちに誠実に向き合っていきたいと思います。

どこかで同じようにみなさんが頑張っていることも、励みにさせていただきたいと思います。ありがとうございました。

第九講のポイントまとめ

- [ ] 子どもの過去と未来にかかわることができるのが、保育の仕事。毎日過ごしている保育者だから、子どもの過去と現在と未来をつないでいくことができる。

- [ ] 経験をしながら学び続けるということが、保育という仕事の大変さであり、魅力でもある。日常の中に、学びの種はたくさん！

- [ ] 日々、丁寧に子どもたちとやり取りしていく中で、積み重なっているものは必ずある。そのことは子どもたちにとっても、自分自身にとっても、未来につながっていく。

おわりに

令和2年（2020年）6月1日の朝、玄関から「ただいま！」という元気な声が聞こえてきました。この日は新型コロナウイルスまん延防止のための緊急事態宣言が解除され、保育が再開された日でした。在室児の多くが2か月近く休んでいたので、今日は涙のスタートになるかなという私の予想は大きく裏切られ、子どもたちはみな張り切って入室してきました。そして、あたかも昨日まで毎日通ってきていたかのように遊び始めました。

そのとき、ふと思い出しました。平成23年（2011年）の東日本大震災の4日後に保育を再開したときの朝にも「ただいま！」と言って入室してきた子がいました。あのときはたった3日間のお休みでしたが「ただいま！」とやってきました。連休などで休みが続くこともありますが、その休み明けの入室のときには聞かれないことばです。きっとこの「ただいま！」のことばには『ここに来たかったんだ』という子どもの思いがこもっているのではないかと感じました。それだけ日々過ごしている保育の場が、子どもたちにとって、安心できる居心地のいい場所であり、子どもにとってなくてはならない場所になっているのではないかと思います。

保育の必要性については、就労や子育て支援の視点、つまりは大人の立場から語られることがほとんどではないでしょうか。保育園に通い始めたきっかけは大人の事情だったかもしれませんが、子どもたちはそこで、自分の意志を持ち、自分を表現し、友だちとつながりながら自分の社会の中で力強く生きています。近い将来、保育の場が、条件付きではなく、すべての子どもたちに保障される場になることを心から願っています。

最後に、講座の内容を毎回わかりやすくまとめて紹介してくださった小野寺さま、パソコンが苦手で四苦八苦しているときにアドバイスをくださった山本さま、毎回講座のすぐ後に感想を寄せてくださり、落ち込んでくじけそうな私の背中を押してくださった宮川さま、つたない話を丁寧に文章にしてくださった木村さま、本当にありがとうございました。保育について改めて振り返り、考える機会をいただいたことに心より感謝申し上げます。

——工藤佳代子

本書は2022年5月26日から2023年2月20日にかけて毎月開催された全9回のオンラインセミナー「もっと知りたい0・1・2歳児の保育～東京家政大学ナースリールームの実践より～」(小学館主催)の内容を元に構成いたしました。同講座の記録映像はウェブサイト「みんなの幼児と保育」でご覧いただけます(有料)

※映像の配信は予告なく終了する場合がございます。ご了承ください。

「せんせいゼミナール」は、小学館がプロデュースする保育者と教師のための研修講座シリーズです。信頼できる専門家や力のある実践者を講師に迎え、先生方の悩みや学びたい気持ちに寄り添う講座をお届けしています。

工藤佳代子（くどう・かよこ）

東京家政大学ナースリールーム施設長。東京家政大学を卒業後、保育士として同大学ナースリールームに9年間勤務する。その後ナースリールームを離れ、2007年に復職。2019年より現職。東京家政大学児童学部児童学科講師。また、子どもの文化学校「0歳児クラスの保育教室」の講師も務める（2019年〜）。

本文構成／木村里恵子
イラスト／kildisco
デザイン・DTP／上條美来
校正／松井正宏
編集協力／宮川 勉
編集担当／山本春秋（小学館）

0・1・2歳児の保育で大切なこと
〜幼い人たちとの豊かな暮らし方〜

2024年3月24日　初版第1刷発行

著者　工藤佳代子
発行人　北川吉隆
発行所　株式会社　小学館
〒101-8001
東京都千代田区一ツ橋2-3-1
電話　編集　03-3230-5686
販売　03-5281-3555
印刷所　萩原印刷株式会社
製本所　株式会社若林製本工場

ISBN 978-4-09-840234-2